Bernd A. Mertz

Träume

Die stumme Sprache
der Seele deuten

Bernd A. Mertz

Träume

Die stumme Sprache der Seele deuten

Urania

Inhalt

Einführung

Wozu dieses Buch?

Jeder Mensch träumt.
Auch diejenigen träumen, die meinen, keine Träume zu haben. Das ist erwiesen. Nicht erwiesen ist, warum, weshalb und wozu wir träumen und woher die Träume kommen.
In Gesprächen und Diskussionen schälen sich meist drei Thesen heraus, die immer wieder behauptet werden.

I. Träume sind Schäume.

II. Träume verarbeiten die letzten Tagesereignisse.

III. Mit den Träumen will uns das Unbewußte, manche meinen: die Seele, etwas mitteilen.

Dieses Buch ist ein Buch aus der Praxis. Die Träume, die hier gedeutet werden, sind mehr oder weniger mit einem Traumberater besprochen worden.

Alle drei Thesen stimmen.

I. Träume können Schäume sein. Bilder, Bruchstücke, scheinbar ohne Sinn.

II. Sicher werden die Tagesereignisse verarbeitet – Aufregungen, Ängste, Überraschungen beschäftigen uns in den Schlaf hinein.

III. Daß das Unbewußte (die Seele) uns etwas mitteilen will, das ist zwar umstritten, aber es scheint der Frage nach dem Sinn der Träume am nächsten zu kommen. Der These drei wegen wurde dieses Buch geschrieben.

Träume gibt es, seit es Menschen gibt. Schon die Bibel ist voller Traumberichte. Aus der Historie der Träume ist der Traum von den sieben fetten und den sieben mageren

Kühen, den sieben vollen und den sieben hohlen Ähren
wohl der bekannteste. Der Pharao holte alle Weisen des
Landes zu sich, damit sie ihm diesen Traum deuteten, der
ihn unsagbar quälte. Der Traum wollte dem Pharao mitteilen, daß nach sieben fetten Erntejahren sieben Hungerjahre
folgen würden. Die Warnung kam früh genug und wurde
beherzigt, so daß der Pharao für sieben Jahre Vorräte für
sein Volk anlegen konnte.

Es gibt »große« und »kleine« Träume – seit jeher

Solche »großen« Träume sind für die individuellen Träumer
nicht die Regel. Es mögen auch Parabeln sein, wie viele andere biblische Träume, aber dieses Beispiel besagt doch, daß
Träume nicht verdrängt, sondern gedeutet werden wollen.
Der Mensch bekam vom Herrn die Erkenntnis, das heißt
den Verstand geschenkt. Das unterschied ihn von allen anderen Lebewesen dieser Erde. Aber mit dem Verstand verlor
der Mensch im Laufe der Zeit seine Beziehung zur Seele,
zum Unbewußten. Das Bewußtsein regierte. Es verdrängte,
was man nicht verstand, nicht verstehen wollte oder was
der Verstand nicht registrierte. Tagsüber funktionierte dies
halbwegs. Aber die Seele, die auch am Tag alles aufnahm,
sich zu dieser Zeit jedoch kein Gehör verschaffen konnte,
meldete sich des Nachts, wenn der Verstand ausgeschaltet
war, indem sie anfing, über Träume mit den Menschen zu
sprechen. Doch je bewußter die Menschen lebten, um so
mehr verloren sie den Kontakt zur Seele. Sie verstanden diese Sprache nicht mehr und hörten nicht, was des Nachts aus
ihnen und zu ihnen gesprochen wurde.

Warum nimmt das Interesse am Traum heute zu?

In unserem Kulturraum nahmen die alten Ägypter, die Griechen und auch die Römer ihre Träume noch auf, und heute
fangen die Menschen wieder an, auf die Sprache der Seele
zu hören und ihren Hinweisen zu folgen. Es ist ja nicht nur
die Sprache der Seele, sondern auch die Sprache Gottes,

denn Gott beseelte den Menschen durch seinen Odem, den er ihm einhauchte. Dieses Buch soll helfen, die Traumsprache wieder zu verstehen und auch deuten zu können. Es versucht, alle, die mehr über sich wissen wollen, zur Deutung ihrer Seelensprache anzuregen.

Dieses Buch ist aus der Praxis entstanden

Warum nun dieses Buch, da es doch recht viele Bücher gibt, die sich mit der Traumdeutung befassen?

Nun, es ist ein Buch aus der Praxis. Die Träume, die hier gedeutet werden, sind mehr oder weniger mit einem Traumberater besprochen worden, wobei die oberste Instanz die oder der Träumende war. Der immer wieder geäußerte Ratschlag des Traumdeuters war: »Weiter träumen.« So werden hier viele Fortsetzungsträume geschildert, zugleich jedoch die reale Umwelt der Träumenden ausführlich erläutert. Wer von dem Umfeld der Träumer nichts weiß, wird kaum fähig sein, den Schlüssel für die Botschaft der Bilder zu finden.

Zwischen den einzelnen Träumen werden immer wieder Hinweise für die mögliche Deutung gegeben, doch wird das »Individuelle«, das Persönliche, damit die Einmaligkeit des Traumes stark beachtet.

Die Beschreibung der einzelnen Personen ist nur ganz leicht abgewandelt, damit die Zielrichtung der Träume so konkret wie möglich erfaßt werden kann. Denn Träume können zum Beispiel durchaus einen Humor der Seele offenbaren und die Phantasierichtung aufzeigen, in die der Träumende sich begibt. In diesem Sinn ist die Grundkonzeption für dieses Buch neu, wenn auch die Tradition der Traumdeutung die Hauptgrundlage darstellt.

Wie benutze ich das Traumlexikon?

Das Traumlexikon des zweiten Teiles ist nur als Anregung zu verstehen. Auch hier muß jeder für sich seine zum Traum passende Assoziation selbst finden.

Voraussetzungen zur richtigen Traumdeutung

Jeder Traum kann nur von dem Träumenden gedeutet werden.

Jeder Traum ist individuell!
Jeder Traum kann nur von dem Träumenden gedeutet werden. Außenstehende Traumdeuter gibt es nicht!
Es gibt Psychologen, die helfen können, Träume zu interpretieren. Sie lenken durch geschickte Fragen auf die richtige Antwort hin, aber den Traum deuten können sie nicht.

Ein scheinbar gleicher Traum fordert zwei verschiedene Deutungen

Dies ist im Grunde die einzige Schwierigkeit der Deutung: immer zu wissen, daß man nur von sich und für sich träumt.

Zwei Brüder (Zwillinge) träumten von einem Schiffsuntergang. Aber schon die beschriebenen Schiffe waren unterschiedlich. Der eine Bruder deutete den Traum als Warnung vor einer Weltreise, die aber per Flugzeug erfolgen sollte, und sagte diese Weltreise ab. Der andere bezog die Warnung des Schiffsuntergangs auf seine Firma, die in der Tat in Schwierigkeiten hätte kommen können.

Der gleiche Traum mit zwei verschiedenen Deutungen, die aber für jeden völlig richtig waren. Dieses Beispiel zeigt, daß das anschließende Traumlexikon nur eine Anregung darstellen kann. denn seine Stichwörter sind jeweils individuell auf die jeweilige Lebenssituation umzusetzen. Hätte z.B. ein ägyptischer Handwerker den erwähnten Traum des Pharao auch geträumt, hätte er zu einem anderen Ergebnis kommen müssen.

Wer die Träume nicht auf seine persönliche, momentane Situation ausrichtet, für den werden Träume wirklich nur Schäume sein. Dies ist im Grunde die einzige Schwierigkeit der Deutung, immer zu wissen, daß man nur von sich und für sich träumt. Die eigene Seele kümmert sich nicht um andere, und seien dies Verwandte, enge Freunde, Kollegen oder geliebte Menschen.

Jeder Traum hat nur mit dem Träumer zu tun. Diese Gewißheit mahnt zur Vorsicht beim Gebrauch des Traumlexikons.

Ein weiteres Beispiel scheinbar gleicher Träume

Da kam eine Dame Mitte Sechzig, die gerade in ein eleganters Stift übersiedelt war, und berichtete, daß sie auf einmal wieder von wilden Tieren und Bestien träume. Träume, die sie als junge Frau geträumt hatte und die sie damals auf ihre sexuellen Wünsche und Probleme bezogen hatte.

Nun sei sie im Stift auf einmal als Neuzugang der Mittelpunkt. Sie war mit die Jüngste, fiel auch durch ihre sehr ausgesuchte Kleidung auf und bemerkte, daß sich die wenigen Männer im Stift sehr um sie kümmerten. Sollten in ihr doch noch sexuelle Wünsche existieren, die sich nun erneut meldeten?

Wie der sogenannte Zufall es will, kam zur gleichen Zeit eine junge Frau zur Beratung, Anfang Dreißig, die auch im Traum von Raubtieren und Bestien verfolgt wurde. Sie floh, und manchmal kämpfte sie mit ihnen. Die junge Frau schob diese Traumerscheinungen aber nicht auf eine sexuelle Problematik, sondern sie fühlte sich in der Firma, wo sie gerade Abteilungsleiterin geworden war, von vielen Neidern verfolgt. Sie spürte Intrigen, das moderne Mobbing, und sie war vor Zorn bis aufs Blut gereizt. Sie äußerte, daß der Traum sie wohl warne, ihre Aggressionen in der Firma los zu lassen. Zwar sei sie kampfbereit, aber sie wisse auch, daß dies nicht in unkontrollierte Reaktionen ausufern dürfe, daß sie ihre wilden Kräfte in sich bändigen müsse. Sie müsse lernen, sich zu beherrschen.

Zwei gleichartige Träume, die aber jeweils individuell verschieden gedeutet wurden. Und nur der Träumende weiß um die richtige Auslegung. Die momentane Lage, in der er sich befindet, zeigt ihm die Spur.

Nur der Träumende weiß um die richtige Auslegung. Die momentane Lage, in der er sich befindet, zeigt ihm die Spur.

Wie erinnert man sich an seine Träume?

Die zweite – manchmal große – Schwierigkeit ist die Erinnerung an die Träume. Viele Menschen wissen zwar, daß sie geträumt haben, aber sie wissen nicht, was.

Das Beste wäre, ein Traumbuch zu führen. Dieser Rat ist nicht neu, hat sich aber gut bewährt.

Das Beste wäre, ein Traumbuch zu führen. Dieser Rat ist nicht neu, hat sich aber gut bewährt. Auf dem Nachttisch liegt ein Notizblock, in dem sofort notiert wird, was man geträumt hat, denn in der Regel kommen die Träume kurz vor dem Aufwachen. Mit ein wenig Übung kann man sich auch im Dunkeln Notizen machen, die am Morgen sofort sauber niedergeschrieben werden. (Eine Taschenlampe stört auch den Partner nicht). Später reicht es, früh diese kleine Mühe auf sich zu nehmen. Als hilfreich erweist es sich, am Abend vor dem Einschlafen mehrmals vor sich hinzusprechen:

»Ich will träumen!«

»Ich will mich an meine Träume erinnern.«

Das funktioniert sicher nicht am ersten Tag, aber mit der Zeit werden die Träume bewußter, und das Erinnerungsvermögen bessert sich. Diese Geduld ist notwendig, denn die Seele, das Unbewußte, die eigene Tiefe müssen erst akzeptieren, daß der Schlafende bereit ist, die Nachrichten und den Sinn der Träume zu verstehen.

Beispiel: Ein Traumbuch

Man kann auch die wichtigsten Tageserlebnisse vor dem Schlafengehen ins Traumbuch aufschreiben. Das sähe dann in etwa so aus:

Traumbuch: Barbara.

16. Juli 1997: Im Büro eine Auseinandersetzung mit dem Chef. Die Kolleginnen standen mir nicht bei. Fühlte mich verlassen. Keine Träume – nur eine sehr unruhige Nacht.

17. Juli 1997: Im Büro scheinbarer Friede, konnte aber mit den Kolleginnen nicht wie sonst lachen und scherzen. Nacht war ruhiger. Das Gefühl gehabt, etwas hält mich fest.

18. Juli 1997: Im Betrieb nichts Besonderes. Chef auf Dienstreise. Kollegen spendierten mir Kaffee und Kuchen. Nacht war geteilt. Erst unruhig – dann ruhig. Oft aufgewacht, mich gefragt, ob ich kündigen soll. Keine Traumerinnerungen.

19. Juli 1997 Samstag: Freute mich auf das Wochenende. Ruhe, viel Musik gehört, viel mit Freundinnen telefoniert. Abends lange wachgelegen. Milch getrunken, eingeschlafen. Geträumt. Weiß nicht was, außer: Es war ein guter Traum. Danach bestens geschlafen.

20. Juli 1997 Sonntag: Zum Flughafen gefahren, um einzukaufen. Sehnsucht nach Reisen. Leicht eingeschlafen. Dann ein Traum. Stehe am Fahrkartenschalter eines alten Bahnhofs. Jemand will mich vom Schalter wegziehen. Wachte auf, war nicht glücklich. Draußen regnete es.

21. Juli 1997: Im Betrieb lief alles normal. Chef von Dienstreise zurück. Rief mich zum Diktat, war überaus nett. Bot mit einen Drink an. Meinte, ich wäre praktisch seine rechte Hand. Wieder war ich verwirrt.
Bin aber mit guten Gedanken eingeschlafen. Vom Bahnhof geträumt, bin jedoch in einen Bus Richtung City eingestiegen. Aufgewacht. Wieder eingeschlafen.
Traum: Ich irrte in den Gassen einer Altstadt umher. Weiß nicht, was das bedeuten soll, dachte nur: War dies die Stadt, wo ich geboren wurde?

22. Juli 1997: Routinetag. Der Abend wurde lang. Musik gehört, zu viel Wein getrunken. Schnell eingeschlafen. Wirre Träume. Bin an einem Strand am Meer. Will schwimmen, habe Angst.

Manchmal ergibt erst eine Folge von Träumen den Sinn

Dieses Traumtagebuch ging natürlich weiter. Aber es soll zeigen, daß sich schon jetzt manches herausschält: Barbara erlebt das übliche Auf und Ab im Beruf. Sie will fort, möglichst in die Ferne, aber etwas hält sie schon beim Kauf der Fahrkarten zurück. Statt dessen fährt sie in die City der Stadt. Dann kommt sie in einem Stadtteil mit alten Gassen,

Viele Träume wiederholen sich mit gewissen Varianten derselben Bilder, denn das Unbewußte versucht so lange, mit uns zu sprechen, bis wir die Nachricht, das Signal aus der Tiefe, verstanden haben.

wo sie wohl geboren wurde. Das kann heißen: Sie stammt aus einer Familie, in der es noch alte Traditionen gab. Alte Traditionen bedeuten aber auch: nicht davonlaufen, durchhalten – was dann auch auf der Arbeitsstätte belohnt wird. Dies war nach einer längeren Aussprache mit einem Traumberater die Deutung, zu der Barbara kam, die noch meinte, der letzte Eintrag bestätige alles: »Bin am Meer, will hinaus in die Ferne schwimmen, aber aus Angst vor der unsicheren Ferne bleibe ich am Strand.«

Man kann zu sich sagen »Ich möchte den Traum wiederholen«, und das funktioniert oft, wenn auch nicht in der gleichen Nacht.

Aus ersten Traumfetzen schälen sich immer wieder kleine Geschichten heraus. Viele Träume wiederholen sich mit gewissen Varianten derselben Bilder, denn das Unbewußte versucht so lange, mit uns zu sprechen, bis wir die Nachricht, das Signal aus der Tiefe, verstanden haben. Die Beachtung einer Traumreihe erweist sich als sehr hilfreich, so daß kaum ein Träumer ohne ein Traumtagebuch auskommt. Es ist auch ratsam, die innere Reife und Entwicklung festzuhalten. Denn wer auf seine Träume hört – ohne daß er sie befolgen muß – gewinnt sicher auf dem Weg zur Reife entscheidende Impulse, die als weiterführende Wegweiser anzusprechen sind, denen man nachgehen sollte.

Träume sind schwer zu behalten. Schlafende wachen des Nachts auf, sehen den Traum noch lebhaft vor sich, dann müssen sie vielleicht die Toilette aufsuchen, und wieder ins Bett gestiegen, ist der Traum passé. Es nutzt auch nichts, sich unbedingt an den Traum erinnern zu wollen. Mit dem Willen kommt niemand an die Seele heran. Man kann nur zu sich sagen »Ich möchte den Traum wiederholen«, und das funktioniert sogar oft, wenn auch nicht in der gleichen Nacht.

Auch ist es durchaus möglich, daß am folgenden Tag der Traum plötzlich in einem auftaucht, wenn vielleicht ein Gespräch, das Wort eines Partners oder ein Gegenstand, ein Bild an den gehabten Traum erinnert. Mit Gewalt erzwingen kann man in der Traumarbeit nichts. Das Zutrauen zum eigenen Unbewußten ist das Entscheidende.

Es lohnt in jedem Fall, Träume über einen längeren Zeitraum aufzuzeichnen

Wichtig ist, sich in Geduld zu üben. Die Seele reagiert nie so blitzschnell wie mancher Gedankenfunke. Sie nimmt alles auf, weit mehr als der Verstand, und was sie aufnimmt, das behält sie auch. Aber sie ordnet dann alles erst einmal gründlich ein, um es zum richtigen Zeitpunkt herauszulassen. Es ist sicher auch möglich, ein Tonband neben seinem Bett aufzustellen, um schnell die Traumeindrücke aufzusprechen. Es gibt sogar Tonbandgeräte, die sich von allein anstellen, wenn gesprochen wird. Hier besteht nur die Gefahr, daß sich das Tonband auch bei Schnarchgeräuschen meldet, und in einer Partnerschaft ist es sowieso nicht zu empfehlen.

Wenn das Erinnern geübt oder besser gelernt wurde, werden die Eintragungen im Traumtagebuch auch länger. Dann empfiehlt es sich, im Buch eine Rubrik einzurichten, die die Überschrift tragen kann: Was fällt mir zum Geträumten ein?

Barbara schrieb in diese Rubrik neben dem Traumeindruck von den alten Gassen einer Altstadt, durch die sie irrte: »Jede Altstadt zieht mich magnetisch an. Da fühle ich mich zu Hause. Auch wenn ich da nicht geboren bin. Ob diese Altstadtsehnsucht archetypisch bedingt ist? Wenn ich in einem Buch ein Bild von einer Altstadt sehe, kriege ich Sehnsucht, dorthin zu fahren. Und das tue ich dann manchmal. Kann es die Tradition sein, in der ich erzogen wurde, daß das Altgewachsene mich so anzieht?«

Nicht das Traumbild – die Assoziationen sind entscheidend

Daran wird klar, daß diese Assoziationen völlig individuell sind.

In einem Traumseminar wurde dieser Traumfetzen von den Gassen einer Altstadt erzählt, und zwanzig Teilnehmer brachten zwanzig verschiedene Eindrücke und Bilder zu Pa-

Wenn sich auch viele Träume wiederholen, so kommt es doch vor, daß sich ein Traum nie wiederholt. Ziemlich sicher aber wiederholen sich Einzelmotive.

Ein und dasselbe Motiv –
hier: die Altstadt –
kann ganz verschiedene
Gefühle auslösen

pier, – bedrohend und angsteinjagend, heimelig und vertraut, fremd und verlassen oder geborgen und beschützend
– was wieder bewies, daß nur die Träumenden ihre Träume
richtig interpretieren können. Wenn sich auch viele Träume
wiederholen, so kommt es doch vor, daß sich ein Traum nie
wiederholt.

Ziemlich sicher aber wiederholen sich gewisse Motive. Sei
es, daß ein Baum fast in jedem Traum vorkommt oder ein
bestimmtes Haustier immer anwesend ist. Die Namen und
die Zahlen, die in einem Traum mitgeteilt werden, sind sehr
wichtig, wobei die Zahlen aber keine Lottozahlen sind, die
man am nächsten Morgen tippen kann.

Noch einmal: Ein Traumbuch als Beispiel

Barbara träumte etwa zwei Monate seitdem sie begonnen
hatte, ein Traumtagebuch zu führen, folgenden Traum:

»Ort: Ein Feld am Rand eines Waldes.
Zeit: Mittelalter.
Handlung: Zwei Reiterlegionen stürmen aufeinander
zu. Es entwickeln sich gewaltige Kämpfe. Die Anführer
dieser Legionen sind aber keine Menschen. Sondern
Zahlen. Einmal die Sieben, einmal die Neun.
Die Legion der Sieben siegt, schlägt die Neuner in die
Flucht.«
Eintragung ins Traumbuch: »Ich wußte sofort, es geht
um meine Stellung.«

Was war geschehen? Barbara bekam von einem Konkurrenten ihrer Firma ein verlockendes Angebot mit einem viel höheren Gehalt. Sie wußte jedoch nicht, ob sie dieses Angebot annehmen sollte. Dann kam der Traum. »Was wollen mir die Zahlen sagen?« Barbara grübelte, aber sie kam zu keinem Ergebnis.

Der nächste Traum:

> »Ich fuhr mit einem Auto zur Arbeit. Aber an jeder Ecke stellte sich ein fremder Wagen quer. Schließlich stellte ich auch meinen Wagen quer und stieg aus. Ich weiß aber nicht, ob es insgesamt sieben oder neun Wagen waren.«
> Da kam die Idee. Sie rechnete ihre Gehaltssummen zusammen. Das neu gebotene Gehalt ergab als Quersumme die Neun, das alte Gehalt zeigte mehrmals die Sieben. Aber die Reiterlegion mit der Sieben hatte die Legion angeführt und die Neun besiegt.

Gibt es prophetische Träume?

So entschloß sich Barbara, in der alten Stellung zu bleiben. Sie war sicher, das Richtige getan zu haben, was sich auch bewahrheitete, denn die Firma mit dem neuen Angebot mußte bald Konkurs anmelden.

Kein Fremder wäre auf diese Traumdeutung gekommen. Auch dies wurde auf Traumseminaren bestätigt.

War dies nun ein hellsichtiger Traum? Kann von einem Wahrsagetraum gesprochen werden? Nein.

Bei ihren Gesprächen mit Vorstandsmitgliedern der neuen Firma, bei Besuchen in dieser Firma hat das Unbewußte gewiß etwas gehört oder gesehen, was der Verstand nicht sehen oder hören wollte. Diese etwas negativen Eindrücke wurden nicht beachtet, ja man kann sagen: verdrängt. Aber diese Momentaufnahmen wurden eben doch von der Seele, vom Unbewußten wahrgenommen. Im Traum, wenn der Kopf ausgeschaltet war, versuchten sich diese Eindrücke ins

Im Traum, wenn der Kopf ausgeschaltet ist, versuchen sich die Eindrücke ins Bewußtsein des Träumenden einzuschleichen. Aber wie oft werden die unbewußten Signale nicht wahrgenommen!

Bewußtsein der Träumerin einzuschleichen. Diesmal mit Erfolg. Aber wie oft werden die unbewußten Signale nicht wahrgenommen!

Froh aufwachen oder bedrückt – das ist wichtig

Wichtig ist ferner, und das sollte im Traumtagebuch sofort notiert werden, wie die Grundstimmung nach einem Traum ist.

Dieser Vorgang kann natürlich darauf hinweisen, wie wichtig es ist, auch im Tagesleben hellsichtig und hellhörig zu sein. Der Wunsch darf durchaus nicht der Vater des eigenen Handelns werden, weil Wünsche gefährliche Verführer sein können. So vermag der Traum durchaus auch eine erzieherische Wirkung auszuüben. Wichtig ist ferner, und das sollte im Traumtagebuch auch sofort notiert werden, wie die Grundstimmung nach einem Traum ist.

Barbara berichtete, daß der Traum an sich ein schreckliches Gemetzel darstellte, daß sie aber eigentlich guter Stimmung war, als sie aufwachte. Also ist die Lösung als positive Bewertung anzusehen! In der Tat lassen einen auch viele sogenannte Alpträume oft freudig aufwachen, während die berühmten Wunschträume häufig eine schlechte Stimmung hinterlassen. Die Träumenden wissen dann sofort: Dieser Traum war eine Illusion, er wies in eine Sackgasse.

Manche Träume bestehen nur aus Bildern, andere aus Tönen: Ein Beispiel

Träume äußern sich überwiegend über eine Bildsprache. Es kommt aber auch vor, daß sich Träumende nur an eine Stimme, an einen bestimmten Satz erinnern, ohne dazu ein Bild schildern zu können. Aber meistens überwiegt das Bild.

Wolfgang war ein Mann im vollen Streß, hatte sich aber durchaus als erfolgreicher Geschäftsmann durchgesetzt. Er berichtete, daß er von einem Blitz geträumt habe.
»Nur von einem Blitz? Weiter nichts?«
»Nein – weiter nichts. Nur ein Blitz.«
»Welcher Art war der Blitz?«
»Weiß nicht. Es war ein Blitz – nur ein Blitz.«

Wolfgang wurde schließlich aufgefordert, den Blitz zu zeichnen. Und siehe da, diese Zeichnung öffnete den Weg zu einer längeren Geschichte.

Wolfgang zeichnete als erstes keinen Blitz, sondern eine in einen Keller führende Treppe. Dann zeichnete er den Blitz ein. Er betrachtete die Zeichnung, und plötzlich malte er einen Einbauschrank noch dazu. Dann sagte er: »Das ist es.«

»Was?«

»Hier unten sah ich den Blitz. Am Sicherungskasten unseres Hauses.«

Pause.

»Der Blitz schlug bei mir – in meinem Sicherungskasten ein. Die elektrischen Sicherungen sind da, um Überlastungen zu meiden. Kann das meine Situation sein? Bin ich überlastet?.« Wolfgang wurde nachdenklich. »Ja, ich bin überlastet, habe auch gewisse körperliche Beschwerden, Magendrücken, Herzstiche ... und ... und ... Ich muß wohl aufpassen. Will mich meine Seele warnen? Heißt das: Wenn mein Leben so weitergeht, brennt eine Sicherung durch?« Wolfgang war sehr verwirrt. Einige Tage später ging er zum Arzt und schränkte seine Tätigkeit etwas ein.

Manchmal hilft es, das Traumbild zu zeichnen

Aber der Fortgang der Geschichte ist unwichtig. Wichtig ist zu wissen, daß ein Traum durchaus Konturen annehmen kann, wenn man ihn zeichnet. Auch dann stellen sich wie bei Wolfgang Assoziationen ein, und es scheint so, als wenn man durch die Bilder der Aussage des Träumens oft besser näherkommen kann als durch Worte. Es gibt also Wege verschiedener Art, um der Sprache seiner Seele auf die Spur zu kommen.

Bei Zeichnungen sollte man fragen, ob die Träume farbig sind oder nicht. Nun, das ist unterschiedlich. Da aber über das Fernsehen und die bunten Illustrierten das farbige Bild unser Leben bestimmt, ist zu erwarten, daß auch die Träume farbig sind. Meist hat aber diese Tatsache nichts mit der Aussage eines Traumes zu tun.

Wer nicht bunt träumt, braucht sich keine Sorgen zu machen. Seine Seele ist nicht – um es banal auszudrücken – farbenblind.

Wer also nicht bunt träumt, braucht sich keine Sorgen zu machen, seine Seele ist nicht – um es banal auszudrücken – farbenblind. Es scheint so zu sein, daß alle Menschen, die im Leben die Farben intensiver sehen als andere, eher farbig träumen. Aber auch hier kann zum Beispiel eine weiß-schwarze Sonne ein Hinweis zur Deutung sein. Die Träumenden könnten zu dem Schluß kommen, daß sie alles nur in Schwarz oder in Weiß sehen, daß sie also Menschen sind, bei denen ein Entweder-Oder bestimmend ist. Hier wäre dann ein Tor zur Toleranz aufzustoßen, denn oft weiß die Seele besser als der Verstand über mitmenschliche Beziehungen Bescheid.

Tierträume = Träume vom Tier in uns

Tierträume beweisen, daß man seinem Entwicklungserbe nicht ausweichen kann.

Viele Menschen schlafen abends besorgt ein, weil sie Angst vor ihren Träumen haben. Auf entsprechende Fragen antworten sie: »Ich träume meist von Tieren, und die jagen mir Angst ein.«
Nun, in jedem von uns leben auch tierische Instinkte und sogar archetypische Eigenschaften der Tiere. Daß die Seele noch um diese Dinge weiß, ist ein großes Glück. Tierträume beweisen, daß man seinem Entwicklungserbe nicht ausweichen kann. So müssen sich die Träumenden mit den tierischen Bedürfnissen, die in ihnen leben (und weiterleben werden) auseinandersetzen. Wird dies getan, lassen die Tierträume nach.

Erschreckender ist für viele die Tatsache, daß die Tiere oft menschliche Gesichter haben – meist Gesichter von uns bekannten Personen, die man sofort als solche erkennt, auch wenn sie ganz anders aussehen. Das bedeutet nicht, daß die Schlafenden von diesen Menschen träumen, sondern daß bestialische Gelüste, tierische Reaktionen in uns selbst stecken! Wir haben sie nur anderen zugeteilt! Das sind unbewußte Projektionen, die die Seele wahrgenommen hat.
In der Psychologie ist das auf anderer Basis längst bekannt. In Menschen, die sich über den Geiz anderer maßlos aufre-

gen, lebt häufig unbewußt ein starker Neidkomplex. Man mag am anderen meist gerade die Eigenschaften nicht, die man selbst hat. Da dies im Leben aber kaum einer wahrnimmt, schickt die Seele diese Träume, die zu einer Einsicht, zu einer Selbsterkenntnis führen sollen.

Im Traum sind Mensch und Tier übrigens völlig gleichwertig! Das Tier (oder die Tiere) in uns verkörpern Eigenschaften, die wir manchmal überwinden, teilweise aber auch fördern müssen. Das gilt besonders für den Instinkt, der oft unterdrückt wird und dadurch keine Lebenshilfe darstellt, in der Regel groteskerweise ausgerechnet bei denjenigen, die sich auf ihren Instinkt etwas einbilden.

Traumdeutung benötigt etwas Demut und viel Geduld. Es wäre gut, wenn sich jeder einprägen könnte, daß die Träume das Allerbeste für uns wollen!

Traumdeutung benötigt etwas Demut und viel Geduld. Es wäre gut, wenn sich jeder einprägen könnte, daß die Träume das Allerbeste für uns wollen!

Träume haben immer recht – falsch sind nur die Deutungen

Träume lügen nicht, aber der Deutende kann sich irren. Deswegen muß man sich beim Deuten große Mühe geben. Damit wird die letzte Schwierigkeit angesprochen: Die ersten Folgerungen, die aus einem Traum gezogen werden, sind recht oft falsch. Kaum ein Mensch mag seine Tiefen erkennen, die Abgründe, die in ihm leben, annehmen. So besteht die Gefahr, daß die Träume im sogenannten »guten« Sinn gedeutet werden, was in der Regel falsch ist. Mut zur ehrlichen, manchmal schonungslosen Einstellung gegen sich muß vorhanden sein!

Die ersten Folgerungen, die aus einem Traum gezogen werden, sind oft falsch.

Letztlich ist die Beschäftigung mit den eigenen Träumen höchst positiv! Viele Träumer haben dies am eigenen Leib erfahren, wenn auch ein, zwei oder drei Träume nie ausreichen. Es gibt Träume, die weisen sofort auf ein Resultat hin, die geben gute, klare Ratschläge. Aber manche Träume gehören in eine Reihe, melden sich mit den oft gleichen Bildern und führen uns durch unsere eigenen Höhen und Tie-

Träume erwarten einen vorurteilsfreien Zuhörer. Es darf keine Vorbehalte und festgefahrene Denkgleise geben.

fen. Wer träumt, kann sicher sein, daß seine Seele ihm etwas sagen will, und einen eindringlicheren Gesprächspartner findet man kaum.

Aber Träume erwarten einen vorurteilsfreien Zuhörer. Es darf keine Vorbehalte und festgefahrenen Denkgleise geben. Die müssen zuerst überwunden werden, sonst landen die Träumer in Sackgassen, aus denen sie schwer herausfinden. Nun ist es an der Zeit, eine Traumeinteilung vorzunehmen.

Traum ist nicht gleich Traum

Diese Vierer-Einteilung beruht auf der uralten Elementenlehre, die schon vor der Hochkultur Altägyptens bekannt war, aber bei den alten Griechen praktisch zum Gesetz erhoben wurde.

Kein Traum wiederholt sich, wenn einmal von den ähnlichen Motiven der Serienträume abgesehen wird. Daher wurde immer versucht, die Träume zu gliedern. Es gibt da viele Einteilungsmöglichkeiten. Manche dieser Zuordnungen schießen über das Ziel hinaus, und es war festzustellen, daß sich innerhalb dieser Einteilungen wiederum viele überschnitten. Auch wenn hier die Träume nur durch vier Hauptgruppen unterschieden werden, kann es Überschneidungen geben. Diese Vierer-Einteilung beruht auf der uralten Elementenlehre, die schon vor der Hochkultur Altägyptens bekannt war, aber bei den alten Griechen praktisch zum Gesetz erhoben wurde.

Die vier Elemente – ein Erbteil der alten Griechen

Aristoteles war der entschiedenste Vertreter der Elementenlehre. Er war der Ansicht, daß alles allein auf der Verschiedenheit der Elemente beruhe.

Diese Elemente sind Feuer, Erde, Luft und Wasser.

Aristoteles brachte auch Ordnung in die Traumlehre. Weit vor seiner Zeit wurde die Ansicht vertreten, daß die Träume Botschaften der Götter wären. Dieser Meinung schloß sich – wenn auch nur teilweise – der Philosoph Heraklit an, der im 5. Jh. v. Chr. lebte. Noch heute gilt Heraklit als erster Vertreter der modernen Traumdeutung und Traumforschung.

Immerhin behauptete er bereits, daß die Träume eines jeden Menschen ganz eigenständig und nur für ihn charakteristisch seien. Man kann daraus folgern, daß diese heute noch gültige Grunderkenntnis 2500 Jahre alt ist. Die traditionelle Traumdeutung hat somit ein solides Fundament.

Die Elementenlehre galt also bei Aristoteles auch als Grundlage der Traumdeutung, was noch heute zu bejahen ist. Danach kennen wir:

Antike Einteilung der Träume nach den Grundelementen

- **Feuerträume**
- **Luftträume**
- **Erdträume**
- **Wasserträume**

Diese vier Grundeinteilungen haben selbstverständlich noch Unterteilungen, die wir bei den jeweiligen Traumarten nennen.

Worum geht es beim Feuertraum?

Hier ist stets das Herz engagiert, hier geht es um Aufwallungen, auch um innere Energien.

Die Feuerträume umfassen die Themen, die von einer Leidenschaft getragen werden, wo das Herz beteiligt ist, natürlich auch die Erotik und die Sinnlichkeit, wo also das Sexuelle im Vordergrund steht. Ferner die Träume, die vom Krieg handeln, vom Kampf, und Träume, in denen die Autorität angesprochen ist. Themen, die alles Revolutionäre und Revolten umfassen, Auflehnung der Jugend gegen das Alter, Auflehnung gegen die Eltern. Träume, in denen zum Aufbruch aufgefordert wird, auch die Weckträume, in denen es darum geht, aus dem Routineleben aufzuwachen.
Es sind also Träume, die aufrütteln wollen, Träume, die in einem Menschen deutliche Spuren hinterlassen können.

Wovon spricht der Erdtraum?

Die Erdträume werden durch Themen aus dem Alltag bestimmt, die das reale Geschehen in den Vordergrund stellen. Die Erdträume sind allem Anschein nach die, die am meisten geträumt werden. Dazu gehören auch die Träume, welche Angst machen, die Prüfungen aller Art anzeigen, was nicht mit tatsächlichen Examen zusammenhängen muß! Sie behandeln Gewinne und Verluste, haben etwas mit dem Heimweh und der Heimatliebe zu tun. Es sind die Träume, die auch am leichtesten zu verstehen und zu deuten sind.
Darunter fallen die Warnträume für kleine, reale Vorgänge. So träumte eine Frau, daß ihr Auto nicht in Ordnung wäre. Es wackelte auf der Straße hin und her. Etwas ängstlich fuhr sie in die Werkstatt, und siehe da, die Bremsbeläge waren durch einen Fehler verschieden stark abgerieben. Das Unbewußte hatte beim Fahren gemerkt, daß etwas nicht in Ordnung ist.

Die vielfältigen Erdträume sind die Träume, die sich rund um das reale Geschehen im Leben drehen.

Auch die Fundträume gehören hierher. Eine Kaufmannsfrau, die nicht gerade sehr ordentlich war und entsprechend viel verlegte, fragte oft vor dem Einschlafen, wo sie ihr Portemonnaie hingetan habe, das sie nicht finden konnte. Sie träumte dann von dem Ort, wo die Geldbörse lag, allerdings in etwas anderen Bildern. Mal waren da lauter Schubladen, dann wieder Speisereste, in denen sie einen Beutel fand. Aber es muß zugegeben werden, daß diese Dame im Träumen sehr geübt war. Sie war überzeugt, daß ihr Unbewußtes mehr registriert hatte als der Verstand.

Im doppelten Sinn auf höherer Ebene: Der Lufttraum

Ganz anders sind die Luftträume. Hier geht es um die geistigen Interessen, um die Kommunikation, auch wohl um Wunschträume. Wenn Menschen von Sehnsüchten geplagt werden, die nicht mit einer Leidenschaft verbunden sind, dann sind diese Träume hier einzuordnen. Etwa das Fliegen, das Sich-Verwandeln in andere Gestalten, in andere Zeiten. Auch die Zahlenträume gehören hierher. Manche wollen ja ihre Lottozahlen erträumen, aber meist ohne Erfolg, denn dafür ist die Seele, das Unbewußte nicht zuständig und gaukelt uns idiotische Zahlenkombinationen vor. Wo jedoch Zahlen in einem anderen Zusammenhang sehr dominierend auftreten, haben sie eine Bedeutung.

Es geht nicht um Machtpositionen, um anerkannte Stellungen in der Außenwelt, sondern mehr um innere Erkenntnisse.

Wasserträume: Hier spricht die Seele von sich

Bleiben die sogenannten Wasserträume. Der Name muß ein wenig erklärt werden. Seit Jahrtausenden meinen Menschenkenner sowie die Psychologen der neueren Zeit, daß die Seele in den Assoziationen stets über Bilder vom Wasser, von Seen und Meeren, von Quellen und Brunnen zu erfassen ist. Kein Element gestattet so tief in den Untergrund zu schauen wie das Wasser. Luft und Feuer haben in dem Sinn keine Tiefe, und die Erde ist zu fest, um tief genug zu graben.

Hier sind alle archetypischen Träume einzuordnen, oft melden sich diese Visionen über Bilder aus Mythen und Sagen. Auch die Träume, die von einem Weiterleben nach dem Tod handeln, offenbaren seelische Belange, denn wenn etwas überlebt, dann die Seele, wie es schon die Bibel und alle Religionen wissen.

Wasserträume können helfen, Entwicklungen der Seele zu klären.

C.G. Jung, der sich sehr mit der Traumdeutung beschäftigt hatte, sprach auch von den »Großträumen«, die den Wasserträumen zuzuordnen sind. Ebenso sind Träume, in denen Geburten eine wichtige Rolle spielen, sehr seelisch orientiert. Sicher auch die Traumvisionen, die vom Sterben handeln. Diese Träume haben meist nichts mit dem realen Tod zu tun, sondern sie zeigen das Ende einer Entwicklung, einer Reife an, auch vielleicht ein Absterben von Freundschaften und anderen Bindungen. Die Wasserträume sind die Träume, die einem lange nachgehen. An sie erinnert man sich immer wieder.

Wir träumen mit jahrtausendealten Symbolen – und mit einigen modernen

Es gibt zahlreiche Traumsymbole, die bei allen Menschen wiederkehren können. Viele davon sind uralt und durch Jahrtausende in uns verankert.

Es gibt zahlreiche Traumsymbole, die bei allen Menschen wiederkehren können. Viele davon sind uralt und durch Jahrtausende in uns verankert.

Zeitlose Traumsymbole

Bilder von Landschaften – Berge, Flüsse, Wälder, Wiesen
Orte mit Gebäuden – Gassen, Straßen, Wege
Wir sind groß oder ganz klein – rennen, hetzen, verstecken uns, werden verfolgt
Tiere begegnen oder jagen uns – Mammuts, Riesenbären, Wölfe, Ungeheuer
Wir reiten, fahren, fliegen
Die Träume versetzen uns in längst vergangene Zeiten und Kulissen – Burgen, Schlösser, Kerker

Die neue Zeit hat andere Bilder in die Seele gestanzt, die der Schlafende vor zweihundert Jahren sicherlich nicht kannte.

Neue Traumsymbole

Flugzeuge stürzen ab
Autos und Eisenbahnen rasen mit uns davon
Superman ist in jüngeren Menschen bereits ein Traumbild
Walt-Disney-Figuren erscheinen neben Märchengestalten
Zweifellos wird der Computer in ein paar Jahrzehnten Spuren hinterlassen

Daher muß ein Verzeichnis der Bilder und Symbole (siehe Lexikon) stets die gleichen Begriffe aufweisen: Ei – Ente – Esel – Erdreich – Eremit. Die Seele formuliert nicht abstrakt, sondern holt ihren reichen uralten, aber höchst gegenständlichen Bilderschatz aus Mythen und Märchen hervor, um uns etwas zu sagen.

Viele Träume benutzen die vertraute Umgebung

Man sollte noch etwas bei der Deutung beachten. Das Unbewußte spricht oft die vertraute Lebenssphäre an und bedient sich der Angst- oder Hoffnungsbilder dieser Umgebung.
Eine Schauspielerin träumte häufig:
Sie muß auftreten, gleich geht die Vorstellung los. Sie kann aber nur den ersten Akt, hat keinen Text, hetzt und rennt durch ein falsches Haus, durch falsche Türen. Aber das Stück wird gar nicht gespielt! Diese Bilder aus dem vertrauten Umfeld hatte sie bei Angstzuständen, auch wenn sie gar nicht Theater spielte und keine dieser Situationen in der Realität akut war!

Das Unbewußte spricht oft die vertraute Lebenssphäre an und bedient sich der Angst- oder Hoffnungsbilder dieser Umgebung.

Ein sehr gläubiger Mann träumte öfter von seiner Priester-
mission (im Leben war er Ingenieur) und seiner Verzweif-
lung, daß die Christen, nach denen er rief, ihn nicht hörten
– er hatte keine Stimme.

Ein Arzt wird im Traum vielleicht dem vertrauten Umfeld
der Klinik begegnen. Die Umgebung einer Schule (Lehrer),
einer Bank oder Behörde kann mit Bildern einfließen, auch
wenn der Traum auf ein ganz anderes Problem aufmerksam
machen will. Das ist im Anfang nicht ganz leicht zu überset-
zen, aber man wird allmählich mit den Botschaften vertrauter. Man sollte nun die Traumsymbole in den Elementtraum
einordnen – die gleichen Bilder, etwa ein Schlüssel oder eine
Brücke, haben dann eine andere Aussage. Und hier sind
wieder die reale Situation des Träumenden und sein mo-
mentanes Problem sehr entscheidend.

Fast alle Träume leben von einem einzigen Element

Natürlich gibt es auch die sogenannten Mischträume, wo
zwei Elemente vorherrschen, aber in der Regel überwiegt
ein Element. Diese Einteilung ist zwar ein grobes Raster,
kann aber bei der Deutung sehr hilfreich sein, wenn man
erst einmal weiß, ob Träume eher real ausgerichtet sind
oder von der Seele handeln. Träume ich einen Kommunikationstraum, dann gehe ich an die Deutung sicher ganz
anders heran, als wenn mich sexuelle Wünsche zu einem
Feuertraum angeregt haben. Es empfiehlt sich also, den zu
deutenden Traum ziemlich schnell in dieses Grobraster einzuordnen, weil das die Konzentration für die Deutung er-
höht.

Teil I

Die Traumdeutung

Feuerträume

Das Alter der Träumenden muß berücksichtigt werden, wenn es an die Traumdeutung geht.

Hier ist stets das Herz engagiert, hier geht es um Aufwallungen, auch um innere Energien.

Wie es das Wort Feuer ausdrückt, sind diese Träume mit die heftigsten, die geträumt werden. Hier ist stets das Herz engagiert, hier geht es um Aufwallungen, auch um innere Energien. In diesem Buch sind zwei Träume geschildert, die sich vom Ort her gleichen, aber sonst völlig verschieden sind.

Einmal der folgende Traum mit dem Titel »Die unruhige Gruft« (S. 33), dann der letzte unserer Träume mit dem Titel »Die Auferstehung des Adepten« (S. 119). Beide Träume sind gezielt hier aufgeführt, um so vielleicht den Gegensatz von einem Feuer- und einem Wassertraum herauszuarbeiten.

In der Jugend sind die Feuerträume nicht nur häufiger, sondern sogar überwiegend. Die Seele ist noch nicht abgeklärt. Aber auch ältere Personen werden noch von Feuerträumen verfolgt. Hier muß man dann schon von einer Verfolgung sprechen, da in diesem Fall meist keine Reifeentwicklung zu erkennen ist. Manche Seele will eben vorgaukeln, daß die Jugend ewig anhält. Insofern wäre im hohen Alter ein Feuertraum mit einem Warntraum gleich zu setzen.

Natürlich ist auch noch im alten Menschen Feuer vorhanden, aber es sollte kein Brand mit hellen Flammen sein, sondern eher eine sanfte Glut, die mit einem Schuß Weisheit erwärmt. Was folglich bedeutet, daß auch das jeweilige Alter der Träumenden mit berücksichtigt werden muß, wenn es an die Traumdeutung geht. Gerade hier machen sich viele Menschen selbst etwas vor, das sollte nach Möglichkeit vermieden werden. Feuerträume sind oft wie ein reinigendes Gewitter, wie auch der folgende Traum gleich zeigen wird.

Die unruhige Gruft
(Feuer-Sehnsuchtstraum)

Alfred war Ende Dreißig. Er war erfolgreich in der Werbung tätig, wo seine Phantasie sehr willkommen war. Es war wohl diese Phantasie, die auch auf die Träume durchschlug.

Zunächst berichtete er, daß seine Frau ihn verlassen habe, worunter er schrecklich litt. Er sagte dann nur: »Zum Glück haben wir keine Kinder.« Alfred tat weiter seine Arbeit, doch wurde er immer schweigsamer, mied jede Gesellschaft, auch einen Abendtrunk im Kollegenkreis lehnte er mit liebenswürdiger Hartnäckigkeit ab.

Als er zur Beratung kam, war er ganz aufgelöst. Er hatte – wie er es formulierte – einen ganz schrecklichen Traum gehabt. In dem Garten an seinem Haus habe er sich ein Grab gegraben. Dann gewitterte es, donnerte und blitzte ... er wachte auf. Sah in die sternenklare Nacht und wußte nun, vom Gewitter hatte er nur geträumt.

Alfred wurde geraten, sich ein Traumtagebuch anzulegen, was er auch tat und gewissenhaft führte.

Hier werden nur einige Eintragungen zitiert, die für die Grundentwicklung wichtig scheinen.

Stadien eines Traums – Teil I: Traumtagebuch 3. September

»Ich liege in meiner selbstgegrabenen Gruft in unserem Garten. Soll das heißen, ich möchte sterben? Nein, eigentlich will ich nur ungestört sein, um Ruhe in der absoluten Abgeschiedenheit zu finden. Doch um mich herum rumort es. Die Erde bewegt sich. Kleine, hundeartige Tiere kommen in die Gruft. Sie richten sich auf. Im Fernsehen habe ich so etwas gesehen, es war eine Reportage über Erdmännchen. Aber so wie die Erdmännchen sehen sie auch nicht aus. Ich habe vor den Tieren aber keine Angst. Sie sind sehr putzig, niedlich und fröhlich. Dann locken sie mich. Winken mit den Köpfen, so, als solle ich ihnen folgen. Die kommen ja nicht aus dem Garten, denke ich, und steige aus der Gruft. Gehe zur Gartentür. Die Erdmännchen huschen hinaus, ohne daß ich die Tür geöffnet habe.

Plötzlich stehen wir vor einem Bäckerladen. Viele Menschen sind da, um sich Brötchen zum Frühstück zu holen. Automatisch stelle ich mich auch an.
Dann geht die Tür auf, und eine wunderschöne Frau kommt heraus. Die Erdmännchen tanzen um sie herum. Sie pfeifen. Ich mag das nicht, war immer dagegen, wenn Männer auf der Straße Frauen nachpfeifen. Die Frau geht weg, die Erdmännchen auch, der Bäcker fragt mich, was ich wünsche, ich schüttele nur den Kopf und wache auf.
Was wollte der Traum mir sagen?
Führten mich die Erdmännchen zum Bäcker, damit ich mich stärke?
Aber was sollte die wunderschöne Frau?
Ich kann mir keinen Reim auf diesen Traum machen. Vielleicht habe ich auch etwas übersehen. Aber die Stimmung nach dem Traum war gut.«

Stadien eines Traums – Teil II: Traumtagebuch 21. September

Ich liege wieder in meiner Gruft im Garten. Nur sieht sie anders aus, ist jetzt viel tiefer, die habe ich selbst tiefer gegraben. Suche ich die Lösung in einem Grab?
Beim Aufwachen erinnerte ich mich: Ich hatte mal davon gelesen, daß sich werdende Priester lebendig in ein Grab legen, um etwas über den Tod zu erfahren ... wollte ich sterben?
Der Traum ging weiter. In der Gruft höre ich ein schreckliches Scheppern an der Gartentür. Ich denke, die Müllabfuhr kann nicht zum Müllkasten vor.
So klettere ich, ja ich klettere aus der tiefen Gruft. Keine Müllabfuhr. Aber zwei Frauen stehen an der Gartentür. Eine hübscher als die andere. Sie lachen mich an, reichen mir Prospekte für Artikel, die die Wohnung verschönern. Dann sagen sie, sie würden beide gern wiederkommen, um mir alles genauer zu erklären. Ich brauchte sie nur anzurufen. Sie werfen sehr verführerische Blicke. Aber ich reagiere nicht darauf. Dann kommt ein führerloser Wagen, die beiden Hübschen steigen ein und fahren davon. Zum Abschied hupen sie noch sehr laut.

Ich schreckte aus dem Schlaf auf. Jetzt war es wirklich der
Müllwagen, der hupte, damit ich die Gartentür öffnete. Was
soll der Traum?

Das Auto ohne Fahrer war ein Phantom. Waren es die beiden Frauen auch? Wollten sie mich an der Nase herum-
führen, wie es meine Frau getan hat? Bedeutet dies, ich soll
nicht mehr auf verführerische Frauen hereinfallen? Die
Frauen würden wiederkommen, wenn ich wollte. Aber ich
wollte nicht! Ich dachte dann nur, die Erdmännchen wären
mir lieber.

Aber der Müllwagen. Ich mußte diesen Traum in Minuten
geträumt haben. Denn die Müllmänner versuchten, die Gartentür zu öffnen, das war das Scheppern. Als die Tür nicht
aufging, hupte nach einer kleinen Weile der Fahrer. In dieser
Zeit träumte ich alles. Der Sinn des Erdmännchentraums
und des Mülltraumes war mir nicht klar. Warum der Müll?
Wollten die Männer, daß ich mein bisheriges Leben auf den
Müll werfe?

Starke Bedrückungen am Abend. Ich trinke einige Gläser
Wein. Dauernd klingelte das Telefon, aber ich ging nicht
ran. Dann geträumt:

Es ist wieder die Gruft, aber die ist jetzt luxuriös eingerich-
tet. Habe Licht, Heizung, zu essen und zu trinken. Das
könnte heißen, ich habe mich gut auf das Alleinleben einge-
richtet.

Aber dann klingelt es Sturm. Ich schrecke auf. Das ist die
Polizei, die will mich verhaften. Aber warum? Weil ich mich
dem Leben entziehe? Eile zur Tür. Ein uniformierter Mann
steht da, droht mit dem Finger: »Das hat aber lange gedau-
ert.« Es ist ein Postbote, der mir einen Eilbrief reicht. Der
Brief ist wie ein Katalog. Blättere ihn durch. Eine Frau schöner als die andere. Dann lese ich.

»Einladung« … man hat mich als Jurymitglied zu einer
Schönheitskonkurrenz eingeladen. Ich soll der Gewinnerin
den Preis überreichen. Ein Luxusauto fährt vor. Vorn ein
Chauffeur in Livree. Ich steige ein, bemerke, daß ich nicht
festlich gekleidet bin. Habe nur Jeans und einen Pulli an so-

**Stadien eines Traums –
Teil III:
Traumtagebuch
3. Oktober:**

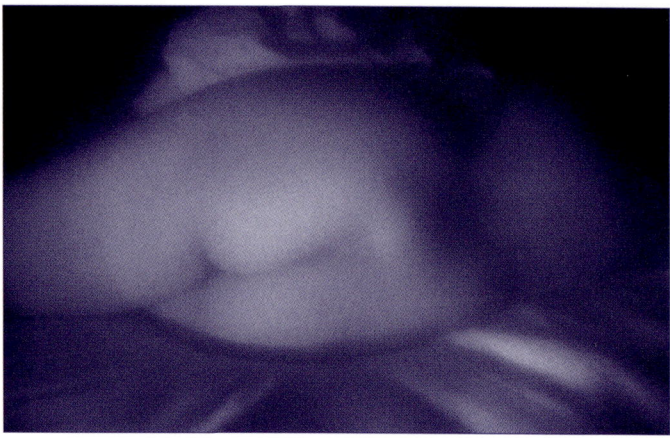

wie Sandalen. Ich schäme mich, spüre, wie mein Kopf rot anläuft.

Dann der Saal. Als ich komme, brandet Beifall auf. Ich bin der König. Spielen wir des Kaisers neue Kleider?

Schnitt. Die Siegerin steht fest. Ich überreiche ihr den Pokal und das Diplom. Sie läßt beides fallen und umarmt mich, drückt mir vor dem gesamten Publikum einen innigen Kuß auf den Mund. Beifall ringsherum. Ich küsse zurück. Sie fragt: »Willst du mich heiraten?« Ich wache schweißgebadet auf.

Endlich die Deutung – und ihre Folgen

Alfred zeigte dem Traumberater sein Traumtagebuch. »Was sagen Sie dazu? Fällt Ihnen was auf?«

Antwort: »Die vielen hübschen Frauen.«

Alfred meinte: »Das fiel mir auch auf. Was kann das heißen?«

»Das müssen Sie allein herausfinden. Hier Gruft – da die schönen Frauen.«

»Meine Seele meint vielleicht, ich solle nicht in der Gruft verweilen, deswegen holt man mich immer wieder raus. Erst die Erdmännchen, dann die zwei Vertreterinnen, schließlich der Postbote. Und immer geht es um Frauen. Ja, soll das heißen, meine Seele signalisiert mir: Genug getrauert, es gibt viele andere reizvolle Frauen auf der Welt?«

Der Traumberater nickt mit dem Kopf. »Ich meine, Sie sind der Lösung nah. Die Gefahr ist, wenn Sie zu lange in der Gruft verweilen, dann wollen Sie gar nicht mehr heraus.« Alfred unterbricht: »Ich habe es mir darin ja schon so gemütlich gemacht. Aber vor Frauen habe ich immer noch Angst.«

»Wieso? Sie haben doch zurück geküßt.«

»Ja, aber ich wachte dann angstvoll auf. Obwohl« – Pause – »schön war der Kuß schon, ich bekam wenigstens im Traum Lust auf mehr. Ich habe einen männlichen Genuß gehabt ...« Alfred lächelte verschmitzt.

In der Tat hatte diese kleine Traumserie gezeigt, daß von der inneren Einstellung her eine Blockade durchbrochen war. Dies wurde ganz deutlich, als Alfred auf einmal sagte: »Ich schließe die Gruft, ich schütte sie einfach zu!«

Es dauerte noch eine Weile, dann sah man Alfred mit einer Freundin. Und später bekam der Traumberater eine Hochzeitsanzeige.

Der Rotkäppchentraum
(Feuer-Sexualtraum)

»Ich habe vom Rotkäppchen geträumt. Das ist kein Wunder, denn als Lehrerin erarbeite ich zur Zeit in der Schule die vielen Variationen, die es über dieses Märchen gibt. Kein anderes Märchen ist so bekannt«, sagte Marion.

»Woher kommt das?«

»Sicher vom Namen Rotkäppchen. Als Grün- oder Gelb- oder Blaukäppchen wäre das Märchen bestimmt nicht so bekannt geworden.«

»Vielleicht steckt mehr dahinter. Denn Rot ist eine besondere Farbe, die der Leidenschaft, des Blutes, die Farbe des Hasses, aber vor allem die Farbe der Sinnlichkeit, der Erotik.«

Marion: »Bei mir spielt Sinnlichkeit keine Rolle mehr.«
»Vielleicht nicht vom Kopf her, aber im Unbewußten?«
Marion schüttelte den Kopf, das Gespräch war beendet.

Im Wald mit dem Wolf – erstes Stadium

Vier Wochen später. Marion kam wieder und lachte etwas krampfhaft. »Da haben Sie mir ja das letzte Mal mit der Sinnlichkeit einen Floh ins Ohr gesetzt! Also, ich muß schon sagen … Ich habe nämlich jetzt öfters von Rotkäppchen geträumt. Ich ging immer wieder durch einen Wald, fühlte mich verfolgt, doch wenn ich mich umdrehte, war niemand zu sehen. Dann hörte ich es … das Heulen des Wolfes. Da blieb ich stehen und wartete mit Angst und Bangen.«
»Nur mit Angst und Bangen? Der Wolf ist auch ein Symbol für triebhaftes Reagieren – auch im sexuellen Sinn.«
Marion sagte langsam: »Als ich den Wolf sah, war ich froh! Wir gingen dann gemeinsam durch den Wald. Wir schwebten. Ich war froh, daß er an meiner Seite war. Mir wurde warm. Plötzlich heulte der Wolf wie eine Sirene, und ich wachte auf. Das Heulen hatte mich sehr erschreckt, obwohl vorher die Stimmung im Traum sehr gut war!«
Marion berichtete weiter, daß sie ihr Telefonnotizbüchlein durchsah, ob da jemand drin steht, der mit Vornamen Wolf hieß. Nichts. Aber dann schlug es bei ihr ein! Ein Kollege hatte einen großen Schäferhund. Der Mann gefiel ihr auch recht gut, doch wenn sie sich ihm oder er sich ihr näherte, knurrte der Hund und ging dazwischen. Marion hatte aber keine Lust, sich um die Sympathie des Hundes zu bemühen.

Im Wald mit dem Wolf – zweites Stadium

Sechs Wochen später kam sie wieder. Sie hatte einen Zettelkasten mit, als Ersatz für ein Traumtagebuch.
»Ich träume immer wieder von dem Wald, der aber immer dichter und undurchdringlicher wird.«
»Und der Wolf?«
»Der ist oft an meiner Seite wie ein Schutzengel. Solange der Wolf an meiner Seite ist, habe ich keine Angst. Das verwundert mich.«
Dann erzählte sie, daß sie auch den Kollegen mal wieder in seinem Haus besucht habe, der Schäferhund war einge-

sperrt. Aber sein Bellen aus dem Nebenzimmer ließ kein
Gespräch aufkommen.

Nach einiger Zeit kam Marion ganz aufgeregt und rief: »Es
ist entschieden! Das mit dem Kollegen! Aus! Aus! Aus! Der
Hund! Er hätte mich fast gebissen. Der Kollege wollte mir
zum Abschied einen Kuß geben, da ging der Bello los. Zwar
sagte der Kollege, der Hund mag mich, er wollte mir das
nur auf seine Art durch Anspringen zeigen. Doch das glaube ich nicht. Ich wäre ja fast umgefallen! Der Hund kann
mich nicht leiden.«

Dann erzählte sie, daß ihr Kollege Heinz immer noch sehr
nett wäre, aber respektiere, daß sie auf Distanz gegangen
sei. Einmal habe er gesagt: »Bello würde ich um keinen
Preis aufgeben.«

Später schenkte er ihr ein Buch, das sich mit der Seele des
Hundes auseinandersetzte. Dieses Buch hatte Marion zwar
genommen, daheim aber stillschweigend beiseitegelegt.

**Das dritte Stadium
und eine Deutung**

»Die Angelegenheit Heinz ist ein für allemal erledigt«,
meinte sie. Das meinte vielleicht ihr Kopf, ihre Vernunft.
»Und die Rotkäppchenträume, sind die nun vorbei?«
»Eben nicht. Wir gehen noch durch den Wald. Gestern zum
Beispiel. Der Wald ist sehr dunkel, sehr. Wir sprechen sogar
miteinander! Der Wolf sagt, ich soll doch für die Großmutter einkaufen. Ich renne über die Wiese, ich muß noch etwas
holen – aber ich weiß nicht, was. Im Wald ist es sehr finster.
Plötzlich steht ein Bett da mit dem Wolf. Der sieht zwar anders aus, aber es ist der Wolf, und ich lege mich mit der
Nachthaube zu dem Wolf ins Bett.«
Bis hierher war der Traum für den Berater ziemlich klar.
Marion hatte sich an den Wolf gewöhnt, der ja ihren sinnli-
chen Trieb darstellt. Im Dunklen kann sie sich zur Erotik
bekennen. Geht sie aber auf eine helle Wiese, verleugnet sie
ihre sinnliche Sehnsucht.
Diese Deutung behielt der Traumdeuter natürlich für sich,
darauf mußte – wenn überhaupt – die Träumerin allein
kommen.
Pause. Dann zaghaft: »Im Traum hatte ich den Mut, ins
Bett zu gehen.«
»Und die Großmutter?«
»Weiß ich nicht. War keine da.«
»Im Märchen kommt der Jäger, um das Rotkäppchen zu be-
freien. Jäger haben Hunde.«
Marion überlegte, lachte dann: »Ich weiß nicht – vielleicht
lag der Hund vor der Tür und bewachte unsere Traumliebe.
Und ein Jäger war auch nicht da.«
»Ahnen Sie, wohin Ihre Seele Sie führen will?«
»Das weiß ich längst«, kam es spontan zurück »Meine See-
le meint, ich sollte es mit Heinz wagen, meinen inneren
Wolf annehmen. Und den Hund von Heinz nicht als Vor-
wand für eine Distanz zu diesem Mann gebrauchen.«
Der Traum hatte gefunkt. Doch vom Traum zur Realität,
das ist oft ein sehr weiter Weg. Marion hatte noch ein Problem. »Ohne seelische Bindung geht bei mir nichts. Aber die
Wege meiner Seele sind so schwer zu verstehen, daß ich meinem Unbewußten nicht recht traue.«

»Wenn die Träume vom Rotkäppchen zu Ende sind, dann ist es soweit«, meinte der Traumberater. »Vielleicht, wenn Sie das Abenteuer gewagt haben.«

Nach einem Betriebsfest wagte Marion den Sprung zu einer zweiten Frau/Mann/Bindung. Der Hund allerdings war zu Hause geblieben. Sie traute sich wieder, ihren Heinz zu besuchen, zeigte keine Angst, als der Hund sie freudig ansprang, denn Bello hatte sie schon akzeptiert – oder sie ihn! Später sagte Marion mal zum Traumberater: »Ich wußte gar nicht, was dieses Rotkäppchen für ein erotisches Märchen ist!«

In diesem Fall war es dem Deuter und Marion bald klar, daß das rote Käppchen, das sie trug, und ihr Wolf-Raubtier, das ihr begegnete und ihr so gut gefiel, eindeutig auf sexuelle Begierde und Angst hinwiesen.

Variationen des Feuertraums

In einer ganz anderen Lebenssituation könnte hier ein Mut- und Wagniskonflikt geträumt worden sein, sich endlich zu seinem Herzensanliegen zu bekennen, – eventuell ein ersehnter Beruf – und sich die bedrohenden Autoritäten (Wolf) zu Freunden zu machen – in Abwandlung eines Spruches: Die Feinde so inbrünstig ans Herz drücken, daß ihnen die Luft wegbleibt!

Man sollte also die Lebensumstände und das momentane Problem (vor allem das unbewußte) des Träumenden immer einbeziehen.

Aufbruchträume

Nicht jede Mitteilung der Seele benötigt eine Traumserie. Oft reicht ein einziger Traum, um etwas verständlich zu machen.

Dies gilt besonders für die Aufbruchträume. Sie werden meistens – Ausnahmen bestätigen die Regel – in der Jugend, so zwischen 15 bis 22 Jahren, geträumt. Oder später so um die Lebensmitte herum. Die Jugend will meist grundsätzlich aufbrechen, und vielen Menschen zwischen 40 bis zirka 55 Jahren legt sich die Routine des Lebens aufs Gemüt.

Alle diese Träume sind sehr stark mit sexuellen Wünschen verbunden. Dies betrifft ganz besonders die Jugend, die sich einen Lebensaufbruch ohne sexuelle Erfüllungen gar nicht vorstellen kann. Und um die Krise der Lebensmitte spielen die sexuellen Sehnsüchte wieder eine starke Rolle, weil viele glauben, sie hätten etwas auf dem erotischen Sektor versäumt.

Meist sind die Aufbruchträume in die Ferne gerichtet. Die eigene Umgebung, die Familie, der Heimatort, ja die Heimat werden zu eng. Aussteigen, auswandern heißt oft die Devise, so sind diese Entscheidungen besonders folgenschwer. Da ist es gut, wenn das Unbewußte, die eigene Tiefe mitspielt. Denn Aufbrüche können nicht nebenbei vollbracht werden, da wird der ganze Mensch mit seinem ganzen Herzen benötigt. Halbheiten bringen nichts.

So sah ein Mann Mitte Vierzig im Traum mehrmals ein Leuchtfeuer, das ihn, wie er meinte, in die Ferne rief. Aber es stellte sich heraus, daß der rotierende Scheinwerfer in Richtung Land, also in Richtung Heimat, immer etwas länger strahlte. Für den psychologisch gebildeten Mann war damit klar, daß das Licht in die Heimat wies. Also blieb er – natürlich auch wegen anderer Umstände – zu Hause.

Die Feuerläuferin (Feuer-Aussteiger-Traum)

Wilfried war in der Mitte seines Lebens. Er hatte eine gute Stellung in einer Versicherung, aber die Arbeit nervte ihn. Sie war eintönig wie sein gesamtes Leben.

Er sagte nur: »Mir steht es bis obenhin, ich will raus.« In dieser Meinung bestärkte ihn eine Kollegin, etwas jünger als er, mit einer starken erotischen Ausstrahlung. Beide malten sich aus, welche schönen Abenteuer sie in der Fremde erleben könnten. In ihren Diskussionen war das Ziel ihrer Ausreise Australien.

Dann hatte Wilfried einen – man kann sagen: seinen Traum. Er sah sich in einer Wildnis von vielen Tieren umgeben, darunter neben den Koalabären auch Windhunde und andere Tiere, die groß und gefährlich schienen, die aber nicht einzuordnen waren. Wilfried war ängstlich und glücklich zugleich. Er rief im Traum immer nur »Freiheit – Freiheit.«

Traumbild Wildnis

Dann kam eine Frau, nur mit einem Buschhemd bekleidet. Diese Frau erinnerte Wilfried an seine Kollegin, nur wirkte sie noch viel erotischer. Sie nahm Wilfried an die Hand, und sie standen plötzlich vor einer Lichtung. Sie winkte ihm zu, die Lichtung zu überqueren. Das war leichter gesagt als getan, denn über diese Lichtung führte nur ein Feuerweg. Eine gefährliche Holzkohlenglut lag da, etwa 25 Meter lang. Die barfüßige Frau hob ihren Kittel an. Sie war jetzt riesengroß. Wilfried zitterte vor Angst, aber es gab kein Zurück, denn hinter ihm drängten und schnaubten die wilden Tiere heran. Die Frau spazierte auf Zehenspitzen über den Feuerweg. Wilfried hatte Angst, er drehte sich um, sah, wie die wilden Tiere donnernd nahten. Er setzte einen Fuß auf den Feuerweg, aber sein Fuß wurde sofort verkohlt. Wilfried zuckte zurück, die Frau sah jetzt aus wie eine Hexe.

Da donnerte es. Der Vater Wilfrieds stand vor seinem Sohn und schrie ihn an: »Was willst du hier? Geh zurück!« Wilfried: »Ich kann nicht, die Tiere.« »Welche Tiere?« Wilfried drehte sich um, die Tiere waren weg, doch das laute böse Lachen der Frau dröhnte ihm ins Ohr, er wachte auf.

So weit die Schilderung von Wilfried selbst. Nun mußte er seinen Traum deuten.

Gehen oder bleiben?

»Der Vater. Damals, als ich achtzehn Jahre war, donnerte er mich schon an, ich solle nicht ans Auswandern denken, sondern einen soliden Beruf ergreifen, weil ich kein Abenteurer wäre.« Wilfried träumte damit von einem Versagen, das er sich selbst nie verziehen hatte. Er sagte: »Ich werde wohl immer ausgelacht. Ich will etwas, was ich nicht kann. Auch eine noch so verführerische Frau kann mich nicht über die Hindernisse mit hinübernehmen.« Mit diesen Worten hatte Wilfried bereits seinen Traum gedeutet. Ein Traum, in dem die Seele eindeutig sagt: »Halt! Stopp! Geh nicht. Du kannst es nicht, bleib daheim.«

Auch hier wäre die momentane Lebenssituation zu beachten. Der Unmut über seine private und berufliche Lage hatte zweifellos dazu beigetragen, die Jugendträume wieder zu aktivieren.

Dieser Traum war schon ein Mischtraum, da sich durch den Auftritt des Vaters eine Autorität sehr betont meldete. Aber es überwiegt hier doch die Aufbruchproblematik.

Die Schützenkönigin (Feuer-Durchsetzungs-Traum)

Herta war die Königin im Schützenverein, in dem allerdings die Männer als Mitglieder überwogen. Um so unbestrittener war, daß sie in diesem Verein eine Mittelpunktfunktion einnahm. Wenn der Verein etwas repräsentieren wollte, dann wurde Herta eingesetzt, zu allen Verhandlungen mit der Stadt und anderen Verwaltungen mitgenommen. Herta hatte ihre Freude daran, sie fühlte sich in diesem Verein äußerst wohl.

Doch Neider gibt es immer, und manche Vorstandsmitglieder sahen mit Mißmut, daß sie nicht mehr so im Mittelpunkt standen, wie sie es jahrzehntelang gewohnt waren. Kurz: Man begann, gegen Herta zu intrigieren.

Herta, die sehr energisch sein konnte, ließ sich das aber nicht gefallen. Sie plante, aus dem Schützenverein auszutreten und einen eigenen Club zu gründen, der eine starke Konkurrenz zum traditionellen Verein darstellen sollte. Da setzen die Träume ein.

Herta träumte:
Sie wollte umziehen. Ein Makler zeigte ihr eine Villa, die sehr geeignet schien. Herta ging voller Stolz durch die Räume. Dann sagte sie: »Und hier kommt das Büro meines eigenen Vereins rein.« Da begannen die Wände dieses Raumes zu wandern. Der Raum wurde immer enger, Herta rannte in die Ecken, aber die Wände wanderten langsam, doch bedrohlich auf sie zu. Nun rief Herta nach dem Makler, aber es rührte sich nichts. Da schlug die Tür des Raumes durch einen Windzug zu. Herta rannte zur Tür, aber durch die Verschiebung der Wände klemmte die, ließ sich nicht mehr öffnen. Herta war gefangen. Dann rauschte es gewaltig, es gab einen Luftzug von unten, der Herta zur Decke trug. Sie schrie vor Angst, stieß mit dem Kopf an die Decke und wachte auf. Sie war mit dem Kopf ans Regal über ihrem Kopfende gestoßen.

Herta träumte:
Sie sieht sich am Schießstand. Sie trifft ins Schwarze. Aber dann passiert es. Die Zielscheibe entfernt sich immer weiter. Plötzlich stehen Männer hinter ihr. Diese lachen, wenn Herta nun nicht mehr ins Schwarze trifft. Sie dreht sich um, sieht, daß auch ihr Lebenspartner unter den Männern ist. Sie reißt das Gewehr herum, zielt auf die Männer, die schreiend verschwinden. Dann knallt es.

Erstes Traumbild:
Kein Platz in diesem
Haus

Zweites Traumbild:
Habe ich geschossen
oder nicht?

Herta wacht schweißgebadet auf. Erste Frage: Habe ich nun geschossen oder nicht? Da knallt es wieder. Sie ist wach. Es ist die Balkontür, die durch einen aufkommenden Wind auf- und zuschlägt. Herta atmet – wach geworden – nun ganz durch: »Ich habe im Traum nicht geschossen.« Sie war sehr aufgeregt.

Welche Folgerungen zieht Herta? Die Gefahr, die Nerven zu verlieren und mit Gewalt etwas erreichen zu wollen, was auf normalem Wege sich nicht so leicht bewältigen läßt. Herta sagte dann dem Traumberater: »Ich muß mir die ganze Geschichte mit dem Gegenverein noch einmal sehr gründlich überlegen.« Dann fiel ihr ein, daß ja auch ihr Lebenspartner sie auslachte.
Dieser Umstand des Traumes macht ihr große Mühe. Sie findet keine Antwort und wartet auf den nächsten Traum, doch Nächte hindurch erinnert sie sich an keine Bilder.

Drittes Traumbild: Am Marterpfahl

Endlich träumt sie einen dritten Traum.
Herta berichtet:
»Ich stehe an einem Marterpfahl. Bin gefesselt. Um mich tanzen Kinder. Kinder aus der Schulzeit. Sie schreien immer: »Sie ist viel zu stolz, viel zu stolz.« Dann holen sie Stroh, das sie um mich herumlegen. Ich bekomme Angst. Als Erwachsene bin ich in der Hand von Kids, die ich aus der Kindheit alle kenne. Stroh, Reisig und Holz türmen sich um mich herum. Die Kinder schreien: »Jetzt machen wir ein schönes Feuer!« Da reiße ich mich los, renne wie gehetzt über die Strohballen auf die Kinder zu, die nun rufen: »Es war doch nur ein Spiel, Spiel, Spiel.«
Ich wache auf. Ich erinnere mich, daß ich als Kind einmal beim Indianerspiel an einem Marterpfahl gefesselt war. Als ich mich befreit hatte, verprügelte ich zwei Kinder und wurde dafür bestraft, weil ich mich nicht entschuldigen wollte.«

Viertes und letztes Traumbild: Im Stadion

Herta berichtet:
»Ich sitze in einem Sportstadion am Rande eines Spielfeldes. Auf dem Spielfeld kämpfen zwei Handballmannschaften.

Ich feure die rote Mannschaft an, die gelbe pfeife ich aus. Da fällt die Schiedsrichterin um. Ich werde aufgefordert, ihren Posten zu übernehmen. Ich weigere mich. Man bittet und bittet mich. Da nehme ich die Schiedsrichterpfeife, das Spiel geht weiter. Und siehe da, ich bin eine gute Schiedsrichterin. Am Ende loben mich alle und tragen mich auf den Schultern im Kreis herum. Um einen Baum, oder war es eine Säule? Glücklich wache ich auf.«

Nie vergessen: Nur der Träumer darf deuten!

Herta zog die Folgerung: »Ich muß gerechter sein. Muß auch alles spielerischer betrachten. Ich werde mich mit den Männern des Vereins versöhnen. Ich brauche keinen Gegenverein.«

Für jeden durchschnittlichen Traumberater wäre es ein Leichtes gewesen, nach dem ersten Traum die Bilanz vorzulegen. Aber ob dies die Träumerin angenommen hätte?

Es kann nicht oft genug darauf hingewiesen werden, daß nur die Träumer genau wissen können, welche Bedeutung, welcher Sinn in den Visionen stecken. Davon allein hängt es nun einmal ab, ob der Mensch gewisse Lehren aus seinem Traum zieht. Manche Lehren betreffen Kleinigkeiten, manche stellen jedoch Umwälzungen dar, die das Leben ändern können. Hertas Träume könnte man der Aufbruchsproblematik zuordnen.

Autoritätsträume

Diese Träume sind häufiger als allgemein angenommen. Es geht bei diesen Traumvisionen meist um das Ansehen der eigenen Persönlichkeit, und dieses Ansehen entscheidet über den Erfolg im Beruf, damit in der Regel auch im Leben. Vielen Menschen ist Anerkennung ein Herzensbedürfnis. Die Persönlichkeit ist sowohl in der Partnerbeziehung wichtig wie auch im Verhältnis Eltern/Kinder und umgekehrt. Es

Gerade in der heutigen Zeit, da soviel Wert auf das Image gelegt wird, ringen viele Menschen um ihr eigenes Ansehen.

geht folglich um die Autorität, die man ausstrahlt. Gerade in der heutigen Zeit, da so viel Wert auf das Image gelegt wird, ringen viele Menschen um ihr eigenes Ansehen.

Jeder merkt – wenn er beispielsweise in einem Lokal sitzt – ob ein neuer Gast Autorität und Persönlichkeit ausstrahlt oder nicht. Das hat nichts mit Prominenz oder mit einem Posten zu tun, hier geht es um eine Ausstrahlung, die von innen heraus kommt. Man spürt Autorität, ohne dies genau beschreiben zu können.

Früher sagte man: »Da kommt ein Herr« oder: »Das ist eine Dame, das spürt man doch gleich.«

Felix geht zur Schule (Feuer-Selbstwerttraum)

Er galt als prominent – zumindest in der Stadt, in der er lebte und wirkte. Man spürte, wie schwer es ihm fiel, zu einem Berater gehen zu müssen. Felix berichtete von einem für ihn merkwürdigen Traum, der ihn völlig verunsichert hatte.

Ein unverhoffter Traum, der dem Träumer zu schaffen macht

Der Traum nach Felix' Worten:

Er war für das Fernsehen zu einem Klassentreffen eingeladen worden. Felix war Ende fünfzig, und aus seiner Klasse hatten viele Schüler Karriere gemacht. Felix gehörte dazu. Man traf sich in einem kleinen Café, weil alle zusammen die Schule und den alten Klassenraum betreten wollten. Die alten Schüler tranken mehrere Cognacs. Von den einst achtundzwanzig Schülern lebten noch zweiundzwanzig, und achtzehn waren gekommen.

Man sprang über viele steinerne Stufen in den Klassenraum. Alle setzten sich scherzend auf die alten Schulplätze, nur die Schultische waren neu.

Plötzlich gingen unzählige Scheinwerfer an, die Felix blendeten. Der Raum war plötzlich wie verwandelt. Das Klassenzimmer wuchs in die Höhe, und Felix schrumpfte zusammen. Statt der modernen Schultische standen plötzlich die alten im Raum – auch sie waren riesengroß. Felix war zum Kind zusammengeschrumpft und saß ganz klein und verschüchtert auf seinem Sitz. Dann betrat der Lehrer den Klassenraum. Aber der Lehrer war eine Mischung von Mensch und Tier, ein Ungeheuer, das Felix sofort ins Visier nahm und anbrüllte.

Dann hielt das Ungeheuer, das immer haariger wurde, mit der linken Hand eine Zeichnung hoch. Es war eine Karikatur. In der rechten Hand hielt das Ungeheuer einen Rohrstock und kam drohend auf Felix zu. Dann sauste der Rohrstock auf ihn herunter. Er wachte auf, weil ihn seine Frau etwas grob weckte.

»Wach auf, die Zeitung braucht dringend eine Karikatur von dir, du sollst sofort hinkommen. Ich rufe schon seit Minuten!«

Felix war ein bekannter Karikaturist, und viele Leser kauften die Samstagsausgabe nur deswegen, weil Felix eine große, meist politische Karikatur beigesteuert hatte.

Wer ist der Träumer?

»Wollten Sie immer Karikaturist werden?« fragte der Traumdeuter.

»Eigentlich nein, aber es ergab sich – ja, schon in der Schule.«

Felix erzählte, daß er sich erinnere, nicht allzu beliebt gewesen zu sein, aber seine schnell hingezeichneten Karikaturen kamen an. Und manche Schüler bestellten sich solche Bilder, wenn sie jemandem ein Geschenk machen wollten, das auch einen persönlichen Charakter haben sollte. So verdiente sich Felix schon als Schüler ein recht gutes Taschengeld.

Felix sagte:

Traum, Lebenstraum und Wirklichkeit

»Da hatte ich noch einen Traum. Als Erwachsener bin ich als Prominenter zu einem Maskenball eingeladen. Ich trage einen Domino mit Maske, so wie ich einen Maskenball in der *Fledermaus* erlebt hatte. Plötzlich sausen jedoch um mich Fledermäuse herum, ich habe einen alten Matrosenanzug an, bin wie ein altmodischer Sextaner gekleidet, und die

Fledermäuse verwandeln sich in Menschen mit fratzenhaften Gesichtern. Sie schneiden Grimassen.«

»Was sagt Ihnen der Traum?«

Felix: »Ich wollte immer ein ernsthafter Maler werden. Menschenköpfe interessierten mich, ja faszinierten mich ganz besonders. Ich besuchte die Kunstschule. Ich galt zwar als sehr begabt, aber mir gelang kein ernsthaftes Porträt. Immer wurde daraus eine Karikatur. Ich war darüber etwas verzweifelt, aber alle anderen Mitstudenten beneideten mich um meinen Erfolg, denn den hatte ich bald. Zeitungen rissen sich um meine Karikaturen. Ich schickte bei Wettbewerben Zeichnungen, Skizzen, Entwürfe anonym ein, aber ohne Erfolg. Nur wenn ich in die Karikatur ging, hatte ich Erfolg, es war verheerend. Schließlich gewöhnte ich mich daran – auch an die Einnahmen -, wurde von Beruf Karikaturist und schwor so langsam, aber sicher meiner inneren Berufung ab. Ich war ja berühmt und hatte viele Bekannte.«

»Und sonst im Leben?«

»Der Karikaturist schlug immer durch. Auch in Gesprächen. Man lud mich zu vielen Partys ein, weil es mit mir immer lustig war, wenn auch meist auf Kosten anderer. Erst sehr spät merkte ich, daß ich im Grunde nur ein Clown war. Als ernster Gesprächspartner war ich völlig isoliert. Darunter litten auch viele Partnerschaften. Zu einer festen, dauerhaften Bindung kam es leider nie. Nun gut, sagte ich, finde dich damit ab. Aber jetzt kommen diese Träume, doch die sagen mir nicht, warum sich alles in meinem Leben so abspielte. Wenn ich das nur wüßte!«

Der Rat war: Weiter träumen.

Der nächste Traum bringt die Lösung näher

Felix träumte weiter. Seine nächste Schilderung:

»Ich bummele über einen Rummelplatz. Auch hier bin ich prominenter Ehrengast. Man winkt mir zu. Ich sitze im Riesenrad, fahre eine Geisterbahn und werde plötzlich in ein Spiegelkabinett hereingezogen. Die mich begleitet haben, sind wie vom Erdboden verschlungen. Wieder bin ich allein. Dann sehe ich in einen Spiegel nach dem anderen. Mal bin ich dick, mal dünn. Scheußlich finde ich mich. Ich will

schnell hinaus, doch ich finde keinen Ausgang. Immer wenn
ich mich irgendwohin wende, sehe ich einen Spiegel. Mir
wird mal warm, mal kalt. Dann steht plötzlich jemand neben mir. Aber das ist kein Mensch. Dieser Jemand hat Hör-
ner auf und einen Klumpfuß. Das ist ein Teufel. Was will
der von mir? Dann erinnere ich mich an einen Spruch: »Der
Teufel hat den Spiegel erfunden und damit die Eitelkeit in
die Welt gebracht.« Jemand zerrt mich von einem Spiegel
zum anderen. Ich fange an zu weinen. Plötzlich ist da Rum-
melplatzmusik, der Teufel tanzt, alles schwillt zu einem un-
heimlichen Lärm an, von dem ich wohl aufwache.«

Die Seele vergißt nichts

Der Traumberater sah Felix an: »Traumdeutung notwendig?«
»Nein« sagte Felix »ich habe meine Eitelkeit erkannt. Der
Beifall hat mir stets geschmeichelt. Dem Beifall jagte ich
nach und nicht meiner inneren Berufung. Keine schöne Bilanz für all die Jahre. Das ist wohl eine Warnung ... Vielleicht nehme ich es mir zu Herzen.«

Diesen Traum kann man unter die Autoritätsträume rechnen, weil es hier um Selbstwert, Persönlichkeit und Ausstrahlung geht, also ein Anliegen des Herzens. Wenn die
Seele ein Versagen anmahnt, ein Verleugnen der Berufung,
kann das für den Träumenden schmerzhaft und nicht leicht
zu bewältigen sein. Aber es sollte Mut machen, daß die Seele dies nicht vergessen hat!

Bei Autoritätsträumen geht es um Selbstwert, Persönlichkeit und Ausstrahlung, also Anliegen des Herzens.

Checkliste I:
Meine Feuerträume

Die in diesem Buch erzählten Träume erinnern mich an folgende Träume:

1. Traum:

2. Traum:

Eine Traumserie war:

Ich halte sie für Feuerträume, weil:

Im Mittelpunkt stand bei ihnen die Auseinandersetzung mit:

_____

_____

_____

_____

_____

**Heute würde ich sagen, es waren eher Sexual-, Aufbruch- oder
Autoritätsträume, weil:**

_____

_____

_____

_____

_____

Meine Deutung dieser Träume lautet:

_____

_____

_____

_____

_____

_____

Konnte ich die Träume gleich deuten?

Heute sehe ich sie so:

Erdträume

Die vielfältigen Erdträume sind die Träume, die sich rund um das reale Geschehen im Leben drehen.

Die meisten Menschen träumen in der Regel – außer einigen Sexualträumen – einen der vielfältigen Erdträume. Man kann sagen, es sind die Träume, die sich rund um das reale Geschehen im Leben drehen. Hier wird der Alltag aufgearbeitet. Dies gilt besonders für diejenigen, die sich bis zum Zubettgehen hetzen und aus dem Streß auch daheim nicht herauskommen. Es ist aber notwendig, den Streß vorher abzubauen, die Seele braucht Zeit, um das Geschehene zu speichern und aufzuarbeiten. Wird dies nicht getan, dann wird das Tagesgeschehen in die Nacht hinübergenommen, und Alpträume sind zu erwarten.

Hierher gehören auch die sogenannten Managerträume, z.B. Träume vom Berufsablauf und von Kollegen. Der Alltagsärger wird mehr verarbeitet als die Alltagsfreude, das ist nun einmal so. Wenn der Verstand endlich einmal ruht, dann erst vermag sich die Seele Gehör zu verschaffen, dann erst verarbeitet auch die Tiefe die letzten Tageseindrücke. Jeder politisch interessierte Zeitgenosse weiß dies. Nach einer Wahl, ob Bundestags- oder Gemeindewahl, kommen die Endergebnisse erst gegen Mitternacht. Aber diese Wahlergebnisse gehen einem nicht so schnell aus dem Kopf, und sie brauchen Zeit, um sich auch in der Seele festzusetzen.

Oder eine Frau (auch ein Mann) kommt von einem Abenteuer nach Hause. Der Ehebruch hängt nach, und es ist nicht so leicht, ihn zu verarbeiten, wenn neben einem der Lebenspartner beziehungsweise die Lebenspartnerin schläft. Man kann dann durchaus mit einer schwierigen Traumnacht rechnen, denn was mit dem Kopf schnell zu bewältigen ist, das kann das Unbewußte nicht so leicht verarbeiten, als wäre nichts geschehen.

Das schwimmende Haus
(Erd-Warntraum)

»Träume lügen!« sagte Frau Haupt. Und sie erzählt ihren
Traum.
»Es war ein wunderschönes Fest – unsere Hauseinweihung.
Die ganze angereiste Familie war begeistert, die Nachbarn,
Vertreter der Stadtverwaltung, vom Bauamt. Blumen über
Blumen. Der Sekt floß in Strömen. Alle bewunderten das
Haus. Den schönen Keller, die ausgebaute Mansarde unter
dem Dach, und vor allem die zwei Stockwerke mit den
Schlaf- und Wohnräumen. Die waren leuchtend, bunt. Ich
war so glücklich wie lange nicht, auch mein Mann und die
zwei Kinder lachten und scherzten. Und dann kamen unan-
gemeldete Gäste. Fremde feierten mit. Nachbarn brachten
Kuchen, brachten Salz und Brot. Es war so schön. Träume
lügen!«

Frau Haupt war nach der obigen Schilderung ihres Traumes
verzweifelt. Die Realität sah völlig anders ans. Der Traum
war ein Wunschtraum, der nicht erfüllt wurde. Kurz vor
Abschluß des Kaufvertrages wurde die finanzielle Situation
enger. Herr Haupt mußte Verdiensteinschränkungen hinnehmen, Nebentätigkeiten fielen aus. Der Architekt meinte,
eine Verknappung im Entwurf sei unvermeidbar, wenn man
nicht zu viele Kredite aufnehmen wollte. Die Mansarde
müsse nicht ausgebaut werden, und viel Geld würde man
sparen, wenn man auf den Keller verzichtete. Es gäbe heute
viele gute Hausbauten ohne Keller. Die moderne Technik
werde es ermöglichen. Aber – so der Architekt – die Familie
Haupt müsse sich schnell entscheiden, sonst schwömmen
die guten jetzigen Gelegenheiten für immer davon.
Frau Haupt sah sich direkt vor dem Schlafengehen noch
einmal die neue Skizze ihres Wunschhauses an, welche ihr
der Architekt gezeichnet hatte. Sie war zufrieden. Dann
träumte sie.

**Ein unerfüllbarer
Wunschtraum?**

Das Haus eine Arche? » Wir waren gerade eingezogen. Ich hatte mit dem Staubsauger alles geputzt, war in der Küche. Dann gab es einen Donner. Ein Unwetter kam auf, das aber schnell zu Ende ging. Der Regen war gewaltig, fürchterlich, aber sehr kurz. Ich ging auf die Terrasse hinaus, dann sah ich eine Flutwelle auf das Haus zukommen. Ich war wie gelähmt, aber nicht ängstlich. So groß schien die Flutwelle auch wieder nicht zu sein. Ich ging in die oberen Stockwerke, um die Fenster zu schließen.

Dann kletterte ich auf das Dach, um nach der Flutwelle zu schauen. Sie kam immer näher, unterspülte das Haus, das nun zu schwimmen begann. Das war sehr lustig, machte Freude. Ich rief: » Wir haben ein Hausboot!«

Mein Mann kam auch auf das Dach. Wir jubelten, fanden die Fahrt auf dem Wasser sehr lustig. Das Wasser stieg nicht an, aber wir segelten so dahin. Mein Mann meinte noch: »Wie gut, daß wir keinen Keller haben. Mit Keller könnte das Haus nicht schwimmen.«

Plötzlich gab es einen Ruck, wir hörten ein gewaltiges Scharren. Ich sah meinen Mann an, er mich, dann sagte er: »Die Arche Haupt ist gelandet, wir haben wieder Grund.« Ich sah mich um, es war hier sehr viel schöner als da, wo früher das Haus stand.

Irgendwie fröhlich wachte ich auf. Mein Mann stand am Bett und sagte: »Wie kann man nur so lange schlafen. Du mußt wunderbar geträumt haben.«
»Ich habe einen wunderbaren Traum gehabt, und du kamst auch darin vor. Träume lügen nicht.«

Frau Haupt erzählte, daß sie sofort ihren Architekten, der auch das Grundstück zum Haus verkaufte, anrufen wollte, um ihm endgültig zuzusagen. Aber der Architekt war für drei Tage auf einer Tagung. Darüber war Frau Haupt ein wenig traurig, sie schwor sich, ihn nach seiner Rückkehr sofort anzurufen.
Träume lügen nicht!

Unter Müll begraben?

Frau Haupt träumte:
»Das Haus war fertig. Wir erwarten Gäste, wollten das Haus einweihen. Da kamen die ersten Wagen. Aber es waren nicht unsere Gäste. Viele Menschen stiegen aus ihren Autos, öffneten den Gepäckraum, nahmen Müllsäcke heraus und stellten sie an das Haus. Einen Sack nach dem anderen. Ich konnte es nicht verhindern, stand da wie gelähmt. Ein Sack nach dem anderen türmte sich um unser Haus. Schon war das erste Stockwerk ganz dunkel. Ich flüchtete ins zweite Stockwerk. Da kamen neue Autos. Diesmal waren es Lastkraftwagen. Auch die hatten Müll geladen und schütteten den Unrat auf die ersten Müllsäcke auf. Das Haus verschwand. Ich mußte auf das Dach klettern. Aber die Müllsäcke stiegen und stiegen. Ich hörte nur eine Stimme: »Morgen kommen riesige Bagger und räumen alles weg.«
Bagger, die konnten doch das Haus dann gar nicht sehen, denn schon waren die Müllsäcke bis in die Höhe des Daches gewachsen.
Plötzlich war auch ein Müllsack unter meinen Füßen Ich begann, im Müll zu versinken, und wachte wimmernd auf.«
Frau Haupt war verzweifelt. Nach dem Traum wäre ja ihr ganzer Häuserbauplan nur Müll, wäre reif für einen Bagger. Ihr Mann riet ihr, nicht auf die Träume zu hören.

Lügen nun die Träume oder nicht?

Der Traumberater sagte nur. »Die Träume sind noch nicht ausgeträumt.«

Aber Frau Haupt winkte ab.

Handschellen im vierten Traum

Nachdem sie vom Architekten einen Entscheidungsaufschub erbeten hatte, beschloß sie, nicht mehr vom Haus zu träumen.

Das gelang ihr auch – wenigstens für sechs Tage. Dann träumte sie:

»Drei Männer in Uniform stehen vor mir. Die Männer halten Zettel in der Hand. Ich weiß nicht, was das soll. Dann kommen sie näher. Die Zettel sind Rechnungen. Erster Zettel: Rechnung für die Müllabfuhr des Müllberges. Der zweite Zettel stellt einen Antrag dar, der abgelehnt wurde. Entscheidend ist der dritte Zettel, den ich nicht lesen kann. Der Anführer der Männer in Uniform liest mir den Text vor. Er sagt etwas von einer Strafe. Wofür die Strafe ist, bekomme ich nicht mit. Die beiden anderen Männer haben Handschellen, die sie mir anlegen, damit ich nicht mehr etwas unterschreibe. Dann lösen sich die Uniformierten in Nebel auf. Aber ich trage noch die Handschellen. Ich versuche vergeblich, sie abzuwerfen, schlage die Handschellen aneinander. Das klappert sehr, ich wache auf, höre in der Küche Geschirrgeklapper. Mein Mann hatte die Teller vom Abend weggeräumt. Dann brachte er mir das Frühstück an das Bett. Noch benommen sagte ich: »Du mußt mich füttern, die Handschellen ...« Mein Mann fragte verblüfft: »Was für Handschellen?«

Meist wird von den Traumserien nicht viel berichtet. In diesem Bereich geht dieses Traumbuch neue Wege. Gerade Traumserien helfen und laufen oft parallel zu den Alltagsentwicklungen.

Die Seele speichert, was das Auge nicht sehen will

»Sie haben sich selbst gefesselt«, meinte der Traumberater. »Ja, aber ich werde mich nun auch selbst befreien müssen.« Frau Haupt ging zur Stadtverwaltung, von einer Stelle zur anderen, bis sie den richtigen Sachbearbeiter gefunden hatte. Sie erschrak dann sehr, als sie erfuhr, daß der Architekt ihr ein Grundstück angeboten hatte, das auf einem Gebiet lag, das noch gar nicht endgültig als Bauland ausgewiesen

war. Um dieses eventuelle Bauland gebe es noch harte De-batten in der Stadtverordnetenversammlung. Sehr traurig, aber ernüchtert kehrte Frau Haupt nach Hause zurück. Sie sagte dem Architekten ab, indem sie ihn am Telefon noch mächtig beschimpfte. »Alles, was mit Ihrem Grundstück und dem Haus zusammenhängt, ist Müll, nichts als Müll!« Diesen Satz allerdings verstand der Architekt überhaupt nicht.
Familie Haupt kaufte sich eine Eigentumswohnung.

Auch dieses Beispiel zeigt, daß meist ein Traum allein nicht ausreicht, um ein Problem zu erledigen. Sicher gibt es Fra-gen oder Situationen, die ein einzelner Traum beantworten kann. Aber die Regel ist das nicht.
Gerade in diesem Punkt geht dieses Traumbuch neue Wege, denn meist wird von den Traumserien nicht allzuviel berich-tet. Doch gerade sie helfen und laufen oft parallel zu den Alltagsentwicklungen. Denn so ein Problem wie Hausbau (Umzug) wird ja auch in der Realität nicht sofort von allen Seiten durchdacht. Aber die Seele speichert mit den immer wiederkehrenden Mustern in Bildern alle Ängste und Hoff-nungen und oft auch die Gefahren, die man nicht sehen wollte.

Eine Seele baut auf
(Erd-Wunschtraum)

Annette war unscheinbar. Sie war im landläufigen Sinn we-der hübsch noch häßlich, sie fiel einfach nicht auf. Annette wohnte bei ihren Eltern, gab dort ihren Obolus ab, aber auch die Eltern kümmerten sich wenig um ihre Tochter. Die Mutter hatte einen Freund, der Vater eine Freundin, und Annette war erwachsen. Dreiundzwanzig Jahre alt. Auch der Beruf war nicht aufregend. In einer großen Rundfunk-anstalt schob sie einen Wagen mit Akten hin und her. Sie

Wenn sie träumte, dann träumte sie vom Tanz. Diese Träume waren schön, aber sie sagten ihr nichts.

ging in die Büros, legte die Akten in die Eingangskörbe und nahm die Akten aus den Ausgangskörben mit.

Der Beruf machte ihr insofern etwas Spaß, weil er sie in Bewegung hielt, denn das, was sie am wenigsten mochte, war das Sitzen. Acht Stunden hinter einem Schreibtisch zu hocken, das lehnte sie vehement ab. Außenstehende würden trotzdem sagen, das Leben dieses Mädchens sei eben so, wie es unscheinbare Menschen verdienen.

Annette empfand ihr Leben als recht eintönig, zumal sie auch keine Sehnsüchte oder Hoffnungen kannte. Wenn sie träumte, dann träumte sie vom Tanz. Mal war sie eine Walzerkönigin, dann rockte sie in der Disco, oder sie ergab sich dem Blues. Diese Träume waren schön, aber sie sagten ihr nichts. Durch Zufall kam sie im Funk mit dem Traumberater in ein Gespräch, der dort zu einer Diskussion eingeladen war. Sie wies ihm den Weg und – wer weiß, wie es kam – erzählte ihm von ihren Tanzträumen. Der Traumberater sagte zum Abschied: »Ich finde, Sie sollten auf Ihre Träume hören.«

Auf die Träume hören – wie macht man das?

Annette ging der Satz nicht aus dem Kopf, sie lauschte der Diskussion, die sich um die Traumarbeit drehte. Am Ende wagte sie etwas für sie Ungewöhnliches. Sie ging auf den Traumberater zu und bat um einen Termin. Der wurde verabredet.

Es kam zu einem Gespräch. Fazit des Gespräches: Der Traum vermittelt – wenn auch nicht immer – Sehnsüchte und Ängste der Seele, aber auch das Wissen der Seele. Wenn jemand nun stets davon träumt zu tanzen, dann kann das ja etwas bedeuten.

Annette achtete nun mehr auf ihre Träume, die sich aber kaum änderten. Am Tage fragte sie sich: »Was sollen die Träume! Ich bin unbeholfen und schwerfällig. Ich kann doch gar nicht tanzen!«

Wenn die Wirklichkeit einen Wunsch erfüllt, kann die Seele schweigen

Aber: Tanzen kann man lernen! Kurz: Annette folgte eines Tages ihren Träumen. Sie notierte sich die Adressen der Tanzschulen und machte sich abends nach der Arbeit auf den Weg. Sie war erschrocken über die Beiträge, die man verlangte, bis sie anfing, ihre Dienste anzubieten, um dafür am Tanzunterricht teilzunehmen. Sie hatte Glück. Eine Tanzschule stellte sie für kleinere Räumungsarbeiten nach Feierabend ein, Annette durfte mittanzen, und mit der Zeit blühte sie auf. Das übertrug sich, sie war bald als Tanzpartnerin recht begehrt, sie wurde selbstsicherer, und damit veränderte sich ihr Leben.

Hier war es also der immer wiederkehrende Wunschtraum, der sich durch die Worte des Traumberaters für Annette auf einmal als reale Möglichkeit herausschälte. Die Hartnäckigkeit der Seele war fast simpel und eindeutig. Übrigens verschwanden diese Träume allmählich aus Annettes Nächten. Sie hatte die Stimme der Seele verstanden.

Es war ja nur Mundraub (Erd-Alltagstraum)

Realer Ausgangspunkt: Jacob bummelt durch einen Supermarkt. Vor ihm geht ein Hüne, der Jacob wegen seiner breiten Schultern auffällt. Da sieht Jacob, wie der Riese sich Lebensmittel in die Parkatasche steckt. Dazu dann auch noch eine halbe Flasche Cognac. Jacob will den Geschäftsführer holen, erinnert sich aber, daß es ein richterliches Urteil gibt, das besagt: Der Ladendiebstahl gilt erst dann, wenn die Ware an der Kasse nicht gezeigt oder angegeben wird.
Jacob beschließt, sich nicht weiter um den Hünen zu kümmern. Er stellt sich an die Kasse an und bemerkt, daß er genau hinter dem Dieb steht. Die Flasche Cognac beult noch die Parkatasche aus. Kurz bevor der Dieb etwas auf das Rollband legt, dreht er sich um und sagt zu Jacob: »Nur nicht drängeln, junger Freund.« Dann bezahlt er ein Brot und eine Tüte Bonbons, ohne die gestohlene Ware anzugeben. Er verschwindet aus dem Geschäft. Jacob will etwas sagen, bekommt aber kein Wort heraus. Er zahlt seine Ware

Manchmal können uns Erd-Alltagsträume in einem Spiegel zeigen, daß wir in der Realität stets die gleichen Fehler machen.

und sieht draußen den Dieb, der einen Kampfhund vor einem Geländer angeleint hat. Der Dieb verschwindet.

Abends schlägt sich Jacob mit diesem Erlebnis herum. Dann versucht er, das Ganze zu verdrängen, was ihm auch gelingt. Er redet sich immer nur ein: »War ja nur Mundraub.« Als seine Frau von einem Volkshochschulkurs nach Hause kommt, ist alles vergessen. Gemeinsames Abendbrot, dann gemeinsam eine Show im Fernsehen betrachtet, ein kurzes Duschbad genommen und ins Bett gegangen. Der Tag war gelaufen, Jacob schläft schnell ein.

**Der friedliche Bürger –
im Traum ein Komplize**

Dann kamen die Träume.

Jacob sieht sich in einem Großmarkt. Kurz vor Schließung dieses Centers stürmen fünf oder sechs Männer in den Markt. Zwei tragen Maschinenpistolen. Sie treiben das Publikum in eine Nebenkammer. Als sie Jacob sehen, wollen sie ihn auch in diese Kammer treiben, aber Jacob zwinkert ihnen mit den Augen zu und füllt einen Einkaufswagen. Die Bandenmitglieder tanzen und leeren die Kassen. Jacob hat seinen Einkaufswagen draußen ganz voll gepackt, sieht sich plötzlich bei seinem Auto.

Dann stürmt die Bande heraus. Einer von ihnen haut Jacob kurz auf die Schulter und ruft: »Du bis einer von uns!« Dann springen sie in einen Wagen. Schon ist die Polizei da, fragt Jacob, ob er etwas gesehen habe. Jacob verneint, steigt in seinen Wagen.

Plötzlich hört er hinter sich die Sirenen eines Polizeiwagens. Die Polizeiwagen rasen an ihm vorbei.

Jacob wacht auf. Seine Frau kommt ans Bett und meint: »Du hast aber schlecht geschlafen, hattest du einen schlimmen Traum?«

Die Träume wiederholen sich, aber immer in einer anderen Art. Mal greift Jacob bei einem Überfall nicht ein, dann steht er bei einem Einbruch Schmiere. Dann wieder öffnet er einen Tresor. Im Traum sieht sich Jacob immer mehr zu einem Verbrecher gewandelt. Er begreift nicht, was ihn so beschäftigt. Schließlich geht er zu einem Traumberater.

Das Fazit des Gespräches mit dem Traumberater war:
»Träumen Sie weiter.«
»Aber ich wollte doch von den Träumen befreit werden.«
»Das werden Sie auch.«

Jacob träumte:

Eine neue Traum-Rolle, die glücklich macht

Er ging nachts durch dunkle Straßen einer Villengegend. Da sah er, wie ein großes Auto auf ihn zufuhr. Er konnte noch zur Seite springen, das Auto fuhr weg und rammte dabei zwei Personenwagen. Jacob lief ängstlich schnell weiter. Er war ganz klein und keuchte. Da hörte er Schreie. Die Schreie kamen von einer Terrasse. Jacob schaute in die Terrasse hinein, sah, wie ein Mann mit rot angeschwollenem Ballonkopf wie wild auf eine Frau einschlug. Jacob duckte sich, aber er lief nicht davon. Die Frau schrie um Hilfe. Jacob sah nur noch, wie sich alle Fenster der Umgebung schlossen. Keiner wollte etwas sehen. Jacob sprang über einen Gartenzaun, lief auf die Terrasse und schrie wild um sich. Der Schläger rannte auf ihn zu, warf ihn auf den Rücken, und Jacob sah, wie die Frau davoneilte. Währenddessen schlug ihm der Schläger auf die Augen, so daß er nichts mehr sehen konnte. Er hörte nur die Sirenen eines Polizeiwagens, weiße Personen befreiten ihn. Er wurde in einen offenen Wagen getragen und zu einer Klinik gefahren, aber Jacob war sehr glücklich.
Dann wachte er auf. Er war froh über diesen Traum, und das wunderte ihn.

Ein Traum vom Recht

Trotzdem hatte dieser Traum etwas an sich, was Jacob lange verfolgte.
Dann kam zur Ergänzung noch ein kleiner Traum.
Jacob war in einer Klinik. Ein Augenarzt untersuchte seine Augen. Das rechte, ja das rechte Auge ist beschädigt. Der Augenarzt hatte das Wort »rechte« sehr betont.
Jacob sagte: »Das rechte Recht! Ja, das rechte Zivilrecht!«
Am nächsten Tag rief er den Traumberater an. Er meinte, er habe die Lösung gefunden. Es sei wohl seine mangelnde Zivilcourage, die seine Seele bedrücke.

Er ging weiter in den Supermarkt, wo alles begann. Nach
zehn Tagen ungefähr sah er den Hünen. Wieder ließ dieser
einige Sachen in seine großen Parkataschen verschwinden.
Jacob schob sich nun hinter den Riesen, und als dieser wieder nur zwei kleine Artikel bezahlt hatte und gehen wollte,
hielt Jacob ihn fest: »Sie haben vergessen, den Cognac und
noch einige Kleinigkeiten zu bezahlen!«
Wütend drehte sich der Hüne um, sah, wie alle anderen
Kunden ihn anstarrten, dann hatte er ein aufgesetztes loya-
les Lachen parat und sagte nur: »Danke schön, lieber
Freund, ich war so in Gedanken, ich habe ja wirklich noch
etwas in den Taschen. Es gab keinen Einkaufswagen.« Er
lachte. »Ja, jetzt stehen hier viele herum.« Er zahlte und
ging.
Jacob sah, wie sich der Mann mit dem Kampfhund entfern-
te. Es wurde für Jacob ein glücklicher Abend.

Manchmal können uns Erd-Alltagsträume wie in einem
Spiegel zeigen, daß wir in der Realität stets die gleichen Fehler machen, stets die gleichen Aufgaben unterlassen: Immer
zu spät kommen, immer um uns schlagen, immer verstecken
oder davonlaufen, immer etwas vergessen oder wie hier: immer kneifen.

Ein Gläschen Sekt für die Lustige Witwe (Erd-Prüfungstraum)

Die Vorgeschichte:
Hedwig hatte es in ihrem Leben sicher nicht leicht. Sie mußte mehrere Schicksalsschläge hinnehmen und ihr Geld mit
viel Fleiß und Einsatz verdienen. Hinzu kam, daß sie sich
öfter eine neue Stelle suchen mußte. Nicht weil sie untüch-
tig war, aber sie wurde den Chefs mit den Jahren zu teuer.
Das hieß immer wieder neu anzufangen. Dann lernte sie einen kränklichen Mann kennen, der sie zur Pflege engagier-

Meine Deutung dieser Träume lautet:

_____

_____

_____

_____

_____

_____

Konnte ich die Träume gleich deuten?

_____

_____

_____

Heute sehe ich sie so:

_____

_____

_____

_____

Luftträume

Es geht nicht um Machtpositionen, um anerkannte Stellungen in der Außenwelt, sondern mehr um innere Erkenntnisse.

Bei den Luftträumen handelt es sich nicht um die bekannten Flugträume. Die gehören sicher auch dazu, aber die Luftträume sind die Träume, in denen höhere Erkenntnisse angestrebt werden. Man kann von Höhenflügen sprechen. Menschen, die viele Luftträume erfahren haben, wollen meist über sich hinauswachsen. Der gewöhnliche Alltag spielt keine so wesentliche Rolle. Hoch zu streben heißt aber in diesem Fall nicht, berühmt oder bekannt zu werden. Es geht nicht um Machtpositionen, um anerkannte Stellungen in der Außenwelt, sondern mehr um innere Erkenntnisse.

Viele dieser Träumerinnen und Träumer leben recht unauffällig in unserer Umgebung, und kaum jemand ahnt, daß sie starke geistige Interessen haben, also sich mit Dingen beschäftigen, die für andere Menschen Rätsel sind. Insofern kommen zwar auch beängstigende Situationen in diesen Träumen vor, aber es sind kaum Alpträume, die unseren Atem abschneiden oder das Herz stehenlassen.

Viele Menschen haben diese Träume, aber sie sprechen kaum darüber, sie wenden sich eher selbst der Erforschung dieser Bilder zu. Träume sind geheime Botschaften, und diesen Botschaften das Geheimnis zu entreißen, das wäre so ein Höhenflug, dem nachgegangen wird.

Die Luftträume sind sehr vielseitig. Es geht um die Kommunikation, um Wünsche, um Harmonie, auch um esoterisches Wissen, die Visionen sind sehr breit gefächert. Sicher überlappen sie sich auch mit den anderen Traumkategorien, aber auffällig ist, daß das materielle Streben des Ich nicht so im Vordergrund steht. Es geht selten um äußeren Erfolg, sondern um eine innere Befriedigung, die aus dem Wissen geboren wird.

Zahlreiche Luftträume offenbaren Wünsche, die uns selber kaum bekannt sind. Sie gleichen eher Bildern, Phantasien – wie Seifenblasen. Sie wühlen nicht auf wie Feuerträume. Sie behandeln keine Probleme, deren Wurzeln im Alltag verankert sind, wie Erdträume. Aber wenn man ihnen nachgeht, verraten sie uns verborgene Sehnsüchte, die wir im realen Leben kaum zur Kenntnis nehmen.

Die Seele fliegt
(Luft-Flugtraum)

Aus dem Notizbuch von Michael:
Nach einem anstrengenden Tag ging ich schlafen. Ich muß
schnell eingeschlafen sein. Plötzlich atmete ich sehr tief und
schwer. Dann löste sich etwas von meinem Körper. Ich hob
ab. Ich schwebte über meinem Bett, sah mich auf der Seite
liegend tief schlafen. Dann flog ich im Zimmer umher, kam
zur Decke, sah auch meine Frau und meine Kinder friedlich
im Bett liegen.
Irgendwie schwebte oder flog ich über unserem Haus. Der
Abstand zur Erde wurde immer größer. Ich spürte plötzlich,
ich war nicht allein. Ich konnte zwar niemanden sehen oder
hören, aber ich wußte, um mich herum schwebten noch andere Wesen. Waren das Engel? Eine innere Stimme jedoch
sagte mir: »Wir selbst sind die Engel. Unsere Seelen, die
schweben, sind die Engel.«
Der Flug ging über das Dorf. Es war wunderschön. Der
Himmel war nicht azurblau, sondern strahlend weiß, obwohl es Nacht war. Wo ich schwebte, war der Himmel
weiß, in weiterer Entfernung glitzerten die Sterne. Es war
ein wunderschöner Anblick, ich konnte mich nicht satt se-

hen, hatte keine Sehnsucht nach Hause, keine Sehnsucht, in mein Bett zu gelangen.

Jetzt war ich über der Stadt. Eine große Stadt. Ich konnte alles ganz deutlich sehen, die Stadttürme, die Marktplätze, die Autos, es war eine Rundreise ganz besonderer Art. Plötzlich hörte der Flug auf. Ich stand schwebend über der Stadt. Ich versuchte, weiter zu fliegen, aber es ging nicht. Wie gebannt schaute ich hinab. Da war ein alter Wasserturm, da waren Hinterhöfe, und dann ... ich traute meinen Augen nicht, dann sah ich mich selbst!

Ja, wo war ich denn? Mein Körper lag doch zu Hause im Bett. Meine Seele schwebte in der Luft über den Wasserturm. Aber unten, da ging ich. Ganz deutlich sah ich mich bei einem Hinterhof in einer Tür verschwinden. Das war unheimlich.

Dann ging urplötzlich der Flug weiter. Steil wurde ich in die Höhe getragen. Schnell war ich über unserem Dorf, war in meinem Schlafzimmer. Starke, schwere Atemzüge, ich wachte auf.

Sofort holte ich Zettel und Kugelschreiber und schrieb alles auf.

Dem Traum folgen – in die Wirklichkeit hinein

Am Wochenende wurde ich sehr unruhig. Ich holte mein Fahrrad hervor, wollte in die Stadt. Meine Frau und meine Kinder wollten mit in die Stadt, aber ich sagte nein und radelte allein davon.

Sonntags war kein Verkehr, so war der Wasserturm schnell gefunden, und auch der Hinterhof, wo ich mich gesehen hatte. Ich erinnerte mich so genau, als ob ich hier schon ein- und ausgegangen wäre. Ich fand auch die Tür, in der ich mich verschwinden sah. Es war der Eingang zu einer Buchhandlung, die jedoch – es war Sonntag – geschlossen war.

Aber ich wußte nun Bescheid. Hier mußte ich her. Noch in derselben Woche nahm ich mir einen halben Tag frei und fuhr mit dem Autobus in die Stadt. Die Buchhandlung führte überwiegend »okkulte« Bücher, und die meisten waren antiquiert. Einige Leser waren da und stöberten in den Regalen herum. An der Eingangstür saß ein alter, klug aussehender Mann an der Kasse, der unser Treiben mit einem verschmitzten Lächeln verfolgte. Ich wandte mich der Abteilung »Traumbücher« zu und fand ein Buch, das schon sehr zerlesen war und von dem Heraustreten aus dem eigenen Körper handelte. Zu Hause schloß ich mich in mein Zimmer ein und verschlang das Buch. Ich war enttäuscht. Hatte mir wohl zuviel erwartet. Abends konnte ich es dann nicht abwarten, bis wir zu Bett

gingen. Ich hoffte, bald wieder einen Traum zu haben, in dem ich aus meinem Körper heraustrat. Aber kein Traum dieser Art stellte sich mehr ein.

Immer wieder griff ich nach dem antiquarischen Buch, aber der Inhalt war mir zu oberflächlich. Also studierte ich das Literaturverzeichnis. Nun hatte ich einen Anhaltspunkt. Ich kopierte mir die genannten Titel heraus, marschierte in die Stadt zum verschmitzt lächelnden Buchhändler, der mir behilflich war, einige Titel herauszusuchen.

»Die Signale der Seele« – so hieß einer dieser Titel.

Das Buch handelte davon, daß die Seele Wege weise, um größere Zusammenhänge zu erkennen.

Dann träumte ich – endlich – wieder einen Traum, in dem ich über der Stadt und weit ins Land hinaus flog. Alles auf der Erde war so klein wie in einer Puppenstube. Ich hatte das Gefühl, die Erde wäre ein Spielzeug, wäre Kinderkram. Dieses Wort kehrte immer wieder. Aber es war eine Lust, so über den Dingen zu schweben.

Dann war ich über meinem Elternhaus angekommen. Das liegt 700 Kilometer von unserem Wohnort entfernt. Ich habe es nach meinem Weggang von daheim nie mehr betreten. Ich sah ins Wohnzimmer und erblickte die alte Kommode. Auf der Kommode stand ein Bild von mir, was mich sehr verwunderte. Die Eltern hatten ein Bild ihres bösen Buben aufgestellt, das durfte doch nicht wahr sein!

Heimkehr im Traum ...

Zu Hause in meinem Bett wachte ich traurig auf. Nachdem ich alles notiert hatte, sagte ich meiner Frau und meinen Kindern: »Am Wochenende fahren wir zu meinen Eltern.« Meine Frau war sehr verwundert. »Du willst deine Eltern wiedersehen, die so hart zu dir waren?« Ich nickte nur mit dem Kopf.

... und in der Wirklichkeit

Am Sonntagmorgen verfrachtete ich die Familie ins Auto. Die Kinder meuterten, sie hatten sich auf einen Rummelplatzbesuch in der nahen Stadt gefreut. Wir fuhren sehr früh los, die Stimmung war nicht gut.

Ich versuchte, die 700 Kilometer durchzufahren, aber das gelang nicht. Meine Frau setzte durch, daß wir unterwegs anhielten, denn sie hatte den Kindern Eisbomben versprochen. O.k. ich hielt bei einem Eissalon, konnte es kaum erwarten weiterzufahren.

Dann waren wir da. Meine Eltern hatten das Auto gehört und kamen aus dem Haus. Mutter rief: »Ich wußte es, ich wußte, der Michael kommt wieder.« Dann verlief dieser Tag wie jeder andere Besuchstag, wenn sich drei Generationen treffen. Vater hatte inzwischen Kuchen besorgt, und wir sprachen von diesem und jenem, nur nicht von den Gründen unseres Streites mit den Eltern.

Am späten Nachmittag brachen wir auf. Beim Abschied zog mich Vater auf die Seite und sagte: »Du hast Mutter eine große Freude gemacht. Sie ist schwer krank, wird es nicht mehr lange machen.«

Dann fuhren wir ab. Ich schwieg die ganze Zeit, aber die Kinder und meine Frau plapperten munter vor sich hin. Fazit meiner Familie: Es war ein schöner Tag, auch irgendwie wie auf dem Rummelplatz. Ich dachte nur an meine Träume und war dankbar, sie gehabt zu haben.

Wohin wollte die Seele dieses Träumers?

Über das Notizbuch sprachen Michael und der Traumberater noch sehr ausführlich. Das Erlebnis mit der Mutter ist jedoch nicht so zu deuten, als hätte die Mutter Michael gerufen. Sondern Michael hatte wohl die Ahnung, daß er selbst »kommen müsse«. Seine Seele flog ihn zum Elternhaus. So seltsam das klingen mag – es war letztlich ein wichtiger, ein realer Vorgang. Aber die Entwicklung ging weiter und tiefer.

Die Bilder ließen Michael nicht mehr los. Er veränderte sich durch die Traumeindrücke. Er wurde auf eine okkulte Bahn geführt und beschäftigte sich jetzt sehr intensiv mit den Signalen der Seele.

Seine Familie respektierte, daß Michael solche Bücher las. Auch bildete sich bald ein Kreis Gleichgesinnter um ihn, die sich mit diesen Themen beschäftigten. Was Michael allerdings sehr fehlte, waren die Träume des Schwebens, des Heraustretens aus dem Körper.

Da träumte er, was er vorher in einem der antiquarischen Bücher gelesen hatte.

Im Traum war er ein Student zu Anfang des 16. Jahrhunderts. Er studierte in Basel, wo Paracelsus lehrte. Dieser sprach deutsch, nicht lateinisch, und er wiederholte immer nur einen Satz: »Was im Himmel ist, das ist auch auf Erden. Was im Himmel ist, das ist auch auf Erden.«

Dieser Traum wiederholt sich recht häufig, bis Michael eines Morgens wußte, daß er nicht mehr in den Himmel zu schweben brauche: Was oben ist, ist auch unten auf Erden, es muß nur gefunden werden.

Er wußte auf einmal, daß die »Schwebeträume« nicht mehr wiederkehren würden. Die Seele hatte ihre Signale ausgesandt und nun eingestellt. Sie waren nicht mehr nötig.

Die Dame im Zoo
(Luft-Kommunikationstraum)

Claudine war 62 Jahre alt und gerade Witwe geworden. Äußerlich trug sie diesen Schicksalsschlag mit großer Fassung, innerlich war sie verzweifelt. Sie hatte Angst vor der Einsamkeit. Ihrem Mann zuliebe hatte sie die meisten Kon-

Blitzträume sind Träume in Form eines einzelnen Bildes.

takte nach draußen abgebrochen, weil er gern für sich allein war.

Nun wußte sie nicht, wie neue Kontakte aufzubauen waren. Hinzu kam, daß sie sehr scheu war und sich eigentlich nicht recht zu sprechen getraute. Bei früheren Besuchen saß sie meist still im Raum und hörte zu.

Dafür träumte sie jetzt um so mehr, aber sie wurde aus den – wie sie es nannte – fliegenden Bildern nicht klug. So ging sie zum Traumberater, weil sie Ordnung in ihre wirren Traumfetzen bringen wollte.

Ein Traum vom Zoo

Ihre Notizen hatten folgenden Inhalt.

Sie ging durch einen Zoologischen Garten, der ihr sehr vertraut war (wo sie lebte, gab es keinen Zoo). Sie besuchte ihre Lieblingstiere der Reihe nach. Sie war allein, und sie fing an, mit den einzelnen Tieren zu sprechen: mit den Wölfen, mit Papageien und besonders gern mit den vietnamesischen Hängebauchschweinen.

Das Affenhaus hob sie sich bis zum Schluß auf. Da gab es einen riesigen Gorilla, der auf Claudine zu warten schien. Wenigstens kam er sofort zum Gitter, wackelte mit dem Oberkörper hin und her, was durchaus als Begrüßung zu verstehen war. Claudine dreht sich um, und da sie niemanden sah, fing sie an, mit dem Gorilla zu sprechen, den sie mit »lieber dicker Max« anredete – die anderen Worte und die des Gorillas waren unverständlich.

Plötzlich hörte sie eine laute Stimme hinter sich: »Sie sprechen aber schön. Die Tiere verstehen Sie gut, hoho! Gut!« Aber niemand war zu sehen.

Damit wachte Claudine auf.

Claudine ging dieser Traum nicht mehr aus dem Kopf. Inzwischen besuchte sie eine Seniorenmesse und bekam immer wieder Anfragen von Kirchen und Sozialvereinigungen. Man suchte Menschen, die sich um ältere Leute kümmern. Claudine nahm diese Broschüren nach Hause und studierte sie. Aber eine Verbindung zu ihrem Traum vom Zoologischen Garten konnte sie nicht erkennen.

Was wollten ihr die Tierbilder sagen?

Zweiter Traum:
Wieder ging Claudine durch den Zoologischen Garten, der sich aber irgendwie verändert hatte. Er wirkte wie ein utopischer Film, etwas bizarr, und als Claudine in die Tierhäuser kam, ergriff sie Entsetzen.
In den Käfigen waren nämlich keine Tiere mehr, sondern in jedem Käfig saß ein Mensch. Der eine las, der andere sah fern, einige spielten für sich Schach oder dösten vor sich hin. Illustrierte – sehr zerlesen – lagen auf dem Boden.
Als Claudine »Guten Tag« sagen wollte, reckten sich alle Käfigmenschen auf. Aber sie brachte kein Wort über die Lippen, getraute sich nicht zu sprechen und wollte aus dem Haus flüchten. Da riefen die Käfigmenschen laut durcheinander, wimmerten und jammerten, trommelten sich auf die Brust wie die Affen. Claudine floh aus dem Tierhaus und knallte die Tür hinter sich zu.
Mit dem Knall wachte sie auf und war sehr benommen.

Nun folgten einige Blitzträume. Blitzträume sind Träume in Form eines einzelnen Bildes.
Ein Bild erscheint: Claudine vor den Eisbären.
Neues Bild, wie eine Standfotografie: Ein Esel schaut sie an.
Anderes Bild: Claudine bei den Krokodilen.

Mit diesen Eindrücken kam Claudine zum Traumberater, der nur sagte: »Sie werden diese Standfotos noch länger haben, und die können Sie bis in die Kindheit zurückführen.«
So war es dann auch. Nach einigen Tierbildern rollten in Blitzträumen Eindrücke des Lebens ab. Claudine sah sich unter Schulfreundinnen.
Und immer sprach sie, immer erzählte sie irgendwas. Die Seele wollte ihr klar machen: »Du hast doch früher sprechen können, Du warst doch früher mit deinen lustigen, bunten Erzählungen so oft der Mittelpunkt!«

Ein weiterer Blitztraum.
Claudine in einem Bergwerk. Es sind mehrere Leute um sie herum. Man gräbt nach Schätzen.

Noch ein Zoo – aber ganz anders

Blitzträume und das Reden

Dieses Graben – so deutete es Claudine selbst – ging nicht um Gold, sondern um das Auffinden verlorengegangener Schätze. Claudine wußte, daß sie einmal eine begabte Rednerin gewesen war. Sie wußte auch, daß diese Kunst der Kommunikation ihr in der Ehe abhanden gekommen ist, und der Traumberater sagte: »Üben Sie!«

»Wie denn, vor dem Spiegel vielleicht?«

»Nein, aber es gibt so viele Möglichkeiten, eine kleine Plauderei bei der Schneiderin, bei der Annahme der chemischen Reinigung, beim Zeitungholen ... und ... und ... und.«

Und noch einmal: Der Zoo

Diesen Rat befolgte Claudine, machte bei jedem Einkauf einige Bemerkungen, lobte die gute Reinigung und ließ sich beim Konditor beraten, was auch zu diesem oder jenem Gespräch führte. Claudine lebte ein wenig auf. Dann kam wieder ein größerer Traum, der Claudine endlich befreien sollte.

Alter und neuer Handlungsort: Zoologischer Garten.

Claudine ist mit den Tieren nicht allein. Viele Menschen drängen sich um sie. Sie steht auf einem Tisch. Manche der Zuhörenden hängen an ihren Lippen. Sie redet und redet wie ein Heilsverkünder, erwacht mit einem sehr starken Glücksgefühl.

Erster Gedanke: Ich kann ja wieder sprechen, mich mit Leuten unterhalten!

Gleich schläft sie wieder ein, sieht sich bei einem Dia-Vortrag.

Scheinwerfer leuchten, sie wacht auf.

Endlich ein realer Zoobesuch

Der Traumberater sagte: »Wollen Sie Ihre wiederentdeckten Fähigkeiten nicht einmal sinnvoll einsetzen?«

Claudine meldete sich auf einer Sozialstation und bot ihre Mitarbeit an. Sie könne Menschen besuchen, mit ihnen sprechen und ihnen die Zeit vertreiben.

Dann folgen die ersten Hausbesuche. Vor jeder Tür, an der sie klingelt, schlägt ihr Herz laut und schnell, aber das gibt sich bald, wenn die Leute beim Abschiednehmen um einen neuen Termin bitten.

Claudine kauft sich einen Terminkalender. Mit diesem Moment lassen die Träume völlig nach. So sehr sich Claudine beim Einschlafen in den Zoologischen Garten wünscht, die Träume kommen nicht wieder. Die Seele, das Unbewußte muß sich nicht mehr melden.

Claudine organisiert mit einem kleinem Kreis einen Besuch in einem weiter entfernten Zoologischen Garten. Es war ihr erster Zoobesuch überhaupt.

Wunschträume und Utopien

Zu den Luftträumen gehören auch die Wunschträume. Man mag da sofort an das Wort »Luftikus« denken, aber meist enden diese Wunschträume eher negativ. Wünschen allein reicht nie, weder im realen Leben noch in der Traumwelt.

Die Steigerung der Wunschträume sind die Utopieträume. Sicher es ist oft gut, einer Utopie nachzujagen. Man soll ja immer höher zielen, als man treffen wird. Aber die Utopisten entfernen sich häufig allzu weit von der Realität, womit sie großen Schaden für sich und leider auch für andere anrichten können.

Sicher ist es oft gut, einer Utopie nachzujagen. Man soll ja immer höher zielen, als man treffen wird. Aber die Utopisten entfernen sich häufig allzu weit von der Realität.

Der große Wiener Psychologe Freud hatte schon gemeint, daß die meisten Träume Wunschträume seien, aber er schob dabei die sexuellen Wünsche sehr in den Vordergrund. Das mag zu seiner Zeit eine gewisse Berechtigung gehabt haben, aber heute, da bei uns im Abendland jede Art von Sexualität mehr oder weniger zu haben ist, lassen die sexuellen Wunschträume nach.

Statt dessen vermehren sich die beruflichen Wunschträume und die Träume, eine anerkannte, prominente Persönlichkeit zu sein. Es ist erstaunlich, wie viele unbedarfte Bürger, wie viele Hausfrauen, Beamte und Angestellte sich geradezu ins Fernsehen drängeln. Es gibt Agenturen, die diese Bürger für Talkshows vermitteln, und der Ansturm in die Fernsehstudios läßt nicht nach. Hier erfüllt dann das reale Tagesgeschehen schon manchen Wunschtraum. Aber wie das so ist: Wem eine Traumerfüllung gelungen ist, der sehnt sich nach weiteren erfüllten Träumen, es ist eine Spirale, die sich unentwegt nach oben dreht.

Vom Fernsehstarleben träumen heute also nicht nur Künstler aller Art, sondern auch viele Menschen, die ein geordnetes bürgerliches Leben führen.

Der Schamanen-Traum (Luft-Utopietraum)

Wunschträume – besonders solche mit utopischem Einschlag – können dazu beitragen, daß man die Realität aus den Augen verliert und seine Möglichkeiten falsch einschätzt.

Es war bei einem psychologischen Vortrag. In der Pause diskutierte man bei einem Glas Wein oder Sekt über das Gehörte und das, was wohl noch kommen könnte. Der Traumberater stand in einem Kreis von acht Zuhörern und bekam mit, wie ein Mann von seinem Lebenswunsch berichtete. Er sagte, schon in der Kindheit habe er etwas Besonderes werden wollen, aber erst jetzt (er war so Anfang Vierzig) sei ihm klar, was sein Ziel sei.

Eine Frau fragte zurück: »Und wovon träumen Sie?«

Der Mann, er hieß Egon, griff das Wort vom Träumen auf, und sagte recht selbstbewußt: »Ich träume davon, ein Schamane zu werden!«

Das löste eine heitere Verblüffung aus, die Egon zwang, seine Äußerung näher zu erläutern.

»Es ist wirklich mein realer Traum, und ich habe schon alles in die Wege geleitet. Ich treffe mich nächsten Monat mit einem bekannten Indianer, der als Schamane große Erfolge hat und mich ausbilden wird. Es ist nun einmal mein großer Traum!«

Mit diesen Worten sah er den Traumberater an, der antwortete (und das sollte ihm noch leid tun): »Ja, ja, dann träumen Sie mal Ihren Traum richtig zu Ende!«

Was natürlich die Kursteilnehmer veranlaßte, den künftigen Schamanen Egon eifrigst zu ermutigen!

Beim Aufwachen denkt Egon noch: »Was für ein blöder Traum! Außerdem hab' ich das doch schon mal gelesen?!« Er kommt gerade rechtzeitig zur Prüfung und fällt durch. Nun ja, Prüfungen sind wiederholbar.

Ein paar Tage später findet Egon Briefe von der Staatsanwaltschaft vor. Zwei seiner »Patienten« haben ihn angezeigt. Es liegen Atteste von Ärzten dabei, man droht sogar mit einer Gefängnisstrafe.

Jetzt erst geht Egon auf, welcher Utopie er nachgejagt war. Die Träume haben ihn nicht warnen können, sondern viel zu sicher gemacht.

Die Anzeigen erledigten sich übrigens von selbst, es handelte sich um böswillige Behauptungen. Immerhin – wer sich als Schamane ausgibt, der weckt gewisse Erwartungen und viele Hoffnungen. Werden diese enttäuscht, dann kommt der Ärger, dann entwickeln sich Feindschaften, dann folgen oft böse Konsequenzen.

Egon hatte daraus gelernt, versuchte sich noch einmal in der Heilpraktikerschule, gab jedoch seinen erlernten Beruf nicht auf. Rückblickend sagte er nur: »Es waren drei sehr schwere und für mich äußerst enttäuschende Jahre. Ich bin vom hohen Roß gefallen, was mir aber letztlich vielleicht gut getan hat.«

Das ist die Gefahr der Wunschträume – besonders mit utopischem Einschlag –, daß sie dazu beitragen können, daß man die Realität aus den Augen verliert und seine Möglichkeiten falsch einschätzt.

Das Tanzäffchen
(Luft-Harmonietraum)

Herr und Frau Holtz führten eine gute Ehe. Er war ganztägig auf seiner Arbeitsstelle und galt da als Computerspezialist. Sie saß vormittags an der Kasse eines Supermarktes.

Träume können auch verraten, ob man in der Seele einen tiefsitzenden Groll gegen jemanden spürt. Dieser Groll fließt dann bei dem Bericht oft in die Schilderungen ein.

Zweimal in der Woche ging sie jedoch nachmittags »zur Musik«, wie sie es ausdrückte, denn sie gehörte einem Frauenchor an, der auch des öfteren bei kleineren Veranstaltungen auftrat. In diesem Kreis fühlte sie sich sehr wohl, und nach der Probe saß man ab und zu noch länger beisammen. Die Krise in der Ehe setzte ein, als er plötzlich arbeitslos wurde. Nun war er zu Hause und langweilte sich schrecklich. Vormittags bummelte er zwar herum, las die Zeitung von vorn bis hinten, aber nachmittags wußte er nichts mit sich anzufangen. Besonders schlimm war es an den zwei Nachmittagen, an denen seine Frau zur Chorprobe ging. Er fing an, mit seiner Frau zu streiten, wollte sogar, daß sie aus dem Chor austrete. Frau Holtz hätte fast jedes Opfer gebracht, aber niemals würde sie ihren Chor im Gesangsverein *Harmonie* aufgeben.

So verfinsterte sich die Atmosphäre von Monat zu Monat, von Woche zu Woche. Böse Worte gingen hin und her.

Schließlich steigerte sich Herr Holtz derart in seine Wut hinein, daß er laut und im befehlenden Ton brüllte: »Du trittst da aus, ich mache die Musik und kein anderer!« Weinend ging sie zu Bett …

Der Traum von der Musik

… und hatte einen etwas wundersamen Traum.

Sie sah sich als Kind auf einem Hinterhof spielen. Andere Kinder kamen schreiend herbeigelaufen und schrien: »Die Musik kommt.« Die Häuser sahen altmodisch und verfallen aus.

Und da kam er schon, der alte Leierkastenmann, und die Kinder hatten einige Geldstücke bereit. Alles erinnerte an Zille-Bilder oder ähnliches. Der Leierkasten war ein sehr altmodisches Musikinstrument, und obendrauf tanzte ein kleiner Affe, der an einer Kette angebunden war.

Dieses Äffchen war der Liebling der Kinder, sie faßten das Äffchen an, lenkten es so, daß der kleine Affe wirklich einige Tanzschritte unternahm. Die anderen Kinder tanzten um den Leierkastenmann herum, und aus den Fenstern wurden in Papier gewickelte Münzen herausgeworfen, die die Kinder aufhoben und in den Hut des Leierkastenmannes warfen, der auf dem Instrument lag.

Frau Holtz sah sich selbst in dem bunten Kinderreigen, sie hatte für das Tanzäffchen einige Zuckerstücke parat. Als sie an der Reihe war, mit dem Äffchen einige Tanzschritte auszuführen, fragte sie den alten Leierkastenmann, ob man denn das Äffchen nicht von seiner Kette befreien könne. Der schüttelte nur den Kopf und meinte, das gehe nicht. Das Äffchen sei dann sofort auf und davon.

Plötzlich blickte die kleine Erika (Frau Holtz) den Leierkastenmann an. Der war auf einmal sehr groß. Und sie sah in die Augen ihres Mannes. Ihr Mann blickte sie unter dem großen, alten Hut des Leierkastenmannes böse an und sagte nur: »Ich mach' die Musik.«

Da wachte Frau Holtz auf.

Der Traum hatte sie gequält, und dauernd gingen ihr die Worte »Ich mach' die Musik« durch den Kopf. Sie beschloß, ihrem Mann beizubringen, daß sie kein Tanzäffchen an der Kette sei.

Aber wie? Herr Holtz hatte sich angewöhnt, seine Frau von der Chorprobe abzuholen, was erneuten Ärger auslöste, denn Frau Holtz wollte auf das gemütliche Beisammensein nach der Probe nicht verzichten. Als Herr Holtz wieder einmal auftauchte, sagte sie nur laut: »Der Leierkastenmann ist schon da.« Die Frauen lachten, denn Frau Holtz hatte von ihrem Mann schon öfters als dem Leierkastenmann gesprochen.

Auf dem Nachhauseweg war es dann soweit. Herr Holtz fragte erbost, wieso sie ihn als alten Leierkastenmann mit großem Hut bezeichnete!

Wer macht hier die Musik?

Frau Holtz erzählte von dem Traum. Dabei weinte sie sehr. »Das war ja auch nur ein Traum, es gab keinen Leierkastenmann in meiner Kindheit. Das Entscheidende im Traum war, daß du mich doch früher öfter Äffchen genannt hast, und ich war so unglücklich, daß dieses Äffchen an die Kette gelegt werden sollte.« Herr Holtz war ruhig.

»Auch ein Äffchen braucht seine Freiheit«, sagte Frau Holtz.

Er murmelte: »Die sollst du ja auch haben.«

Und Herr Holtz hielt sein Wort. Nie wieder meuterte er wegen der Chorprobe. Er legte sich den neuesten Computer zu und fing an, Privatschulungen für Computerneulinge zu machen. Dazu hatte er Verbindungen zu drei Großfirmen aufgenommen, die Computer verkauften. Die Harmonie war bei der Familie Holtz wieder zurückgekehrt.

Selten löst ein einziger Traum ein Problem

Hier hat ein einziger Traum die entscheidenden Antworten gegeben, was nicht die Regel ist. Der Traum, der in eine nicht so stattgefundene Kindheit zurückführte, was getragen von dem Wunsch nach Harmonie. Der Traum kam zur rechten Zeit.

Herr Holtz verstand ihn auch sofort. Auch dies ist nicht die Regel. Es kann aber sein, daß Frau Holtz den Traum so erzählt hat, daß Herr Holtz sich nicht schmerzlich oder durch Vorwürfe getroffen fühlte. Denn Träume können auch verraten, ob man in der Seele einen tiefsitzenden Groll gegen jemanden spürt. Und dieser Groll fließt dann bei dem Bericht oft in diese Schilderungen mit ein.

Checkliste III:
Meine Luftträume

Die in diesem Buch erzählten Träume erinnern mich an folgende Träume:

1. Traum:

2. Traum:

Eine Traumserie war:

_____

_____

_____

_____

_____

_____

Ich halte sie für Luftträume, weil:

_____

_____

_____

_____

Im Mittelpunkt stand bei ihnen der Wunsch nach:

_____

_____

_____

_____

_____

Heute würde ich sagen, es waren eher Kommunikations-, Utopie- oder Harmonieträume, weil:

_____

_____

_____

_____

Meine Deutung dieser Träume lautet:

_____

_____

_____

_____

Konnte ich die Träume gleich deuten?

_____

_____

_____

Heute sehe ich sie so:

_____

_____

_____

_____

Wasserträume

Es mag etwas seltsam klingen, daß auch innerhalb der Seele Konflikte gelöst werden müssen, aber auch die Seele reift und macht Entwicklungen durch.

Worum es bei unseren Träumen geht	
Feuerträume	Auseinandersetzungen zwischen Seele, Willen und Trieb
Erdträume	Auseinandersetzungen zwischen Seele und Realität
Luftträume	Auseinandersetzungen zwischen Seele und Geist
Wasserträume	Bewältigung von Konflikten innerhalb der Seele

Sicher weiß die Seele besser als der Wille, was anzupacken ist. Sie kann auch die individuelle Einstellung zur Realität besser beurteilen als der Verstand, und sie vermag auch den hochfliegenden Geist anzuspornen oder zu warnen. Das ist unbestritten.

Doch jede Entwicklung - und in der Entwicklung ist die Seele ständig – muß gewisse Hindernisse, Schwierigkeiten oder Folgen mit sich ziehen. Die Wasserträume können helfen, solche Entwicklungen zu klären, weil der Mensch nur dann aus seiner Mitte heraus handelt, wenn er sich mit seiner Tiefe, seinem Unbewußten eins weiß.

Wasserträume sind nicht sehr häufig, aber sie wirken dafür um so intensiver nach.

Wir kennen auf diesem Gebiet die Geburts-, Todes- und Auferstehungsträume, die meist eine Auseinandersetzung mit der Religion enthalten oder maßgebend eine schwere gesundheitliche Krise begleiten.

Aber diese Bilder tauchen auch in Träumen auf, wenn sich in engen Bindungen zweier Menschen schmerzhafte Veränderungen abzeichnen.

In diesen Wasserträumen geht es also nicht um materielle Vorteile, um Ich-Behauptungen in der Außenwelt oder um

Die Wasserträume können helfen, Entwicklungen der Seele zu klären, weil der Mensch nur dann aus seiner Mitte heraus handelt, wenn er sich mit seiner Tiefe, seinem Unbewußten eins weiß.

utopische Vorstellungen und Wünsche, sondern sie versuchen, weit über die Grenzen des Horizontes Wegweiser zu sein. Sicher gibt es auch hier Mischträume, wo ein Feuertraum vielleicht einen Wassertraum auslöst, sich diesem aber dann unterordnet.

Meist sind die Wasserträume kurz, aber sehr präzise, Traumserien sind hier selten.

Das Nixenlabyrinth (Seelen-Warntraum)

Nennen wir ihn Falk. Falk lebte in Halle an der Saale, hatte dort seine Familie, eine Frau und zwei Kinder und ein leidliches Auskommen. Sein seelisches Problem war sein inneres Fernweh.

Das Wort »inneres Fernweh« muß betont werden, denn Falk wollte nicht auswandern, um anderswo ein besseres Leben zu führen. Er wollte auch seiner Heimat oder seiner Familie nicht entfliehen. Er hatte nur Sehnsucht, Horizonte zu überwinden und vielleicht auch in andere, unerklärliche, geheimnisvolle Welten einzutauchen. Wenn er es sich finanziell leisten konnte, fuhr er nach Hamburg und schaute den hinausfahrenden Schiffen nach. Im Sommer machte seine Familie in Cuxhaven am Strand Urlaub, aber er fuhr jeden Morgen nach Hamburg hinein, denn der unendlich große Hafen faszinierte ihn.

Im Grunde wußte Falk, daß er nie auf einem Schiff fahren würde, er plante auch keine Schiffs- oder Weltreise. Aber vor jedem Hamburgbesuch erlebte er eine große Freude, nach jedem Hamburgbesuch eine tiefe Traurigkeit, und er fühlte, daß dies seinem allgemeinem Wohlergehen nicht gut bekommen würde.

Da träumte er:

In Hamburg lockte ihn eine schöne Deern an Bord. Draußen auf dem Meer verwandelte sich diese Deern in eine

Fernweh als Traumbild

Nixe, sprang über Bord und zog Falk einfach mit sich unter
das Wasser. Falk konnte auch sozusagen traumhaft gut
schwimmen. Sie flitzten in einem unwahrscheinlichen Tempo dahin, durchquerten die Nordsee, den Atlantik und waren blitzschnell im Indischen Ozean. Ab und zu tauchen sie
auf, sahen sich um, dann ging die Unterwasserfahrt weiter.
Plötzlich tauchte eine Seegrasmauer vor ihnen auf. Die Tür
öffnete sich, und ein Garten mit den buntesten Unterwas-
serblumen lockte die Nixe und Falk, der ganz selig war.
Falk war – durch die Führung der Nixe – in einem Paradies
angekommen. Gleißende Helle zeigte die Pracht der Farben
und Formen. Das Wasser in diesem Garten war angenehm
warm, und Falk murmelte vor sich hin: »Hier will ich ewig
bleiben.«
Seine Augen konnten sich nicht satt sehen. Es wurde dunkler. Falk dachte noch: »Gibt es denn tief unter der Wasser-
oberfläche auch Tag und Nacht?!«
Das Wasser wurde kälter, bis es eiskalt war. Plötzlich war
Falk allein. Die Nixe war nicht mehr da. Falk schwamm wie

wahnsinnig hin und her. Er suchte den Ausgang, bis ihm klar wurde, er war in einem Labyrinth! Die Nacht unter Wasser brach herein. Von der Farbenpracht war nichts mehr zu sehen. Die weichen, nachgebenden Pflanzen hatten sich verwandelt. Falk stieß an steinerne Felsen und an kaktusähnliche Gebilde, deren spitze Dornen ihn verletzten. Er spürte Blut fließen. Die Pflanzen fingen an, auf ihn zuzuwandeln. Sie drohten ihn zu ersticken.

Falk schrie nach der Nixe, aber es kam keine Antwort. Da wurde es plötzlich heller. Es dämmerte unter Wasser. Die Pflanzen bekamen wieder Farbe, und kein stachliger Kaktus oder etwas ähnliches war zu sehen. Plötzlich stand ein Spiegel vor Falk. Er sah sich darin. Sein Gesicht war ganz zerschunden, die Hände und Arme bluteten, er sah sehr erschöpft aus. Da war die Nixe wieder da. Sie betrachtete Falk und meinte: »Ruhe bewahren, sonst verlierst du zuviel Energie.« Falk rief: »Ich will hier raus, ich will nach Hause.« Die Nixe, die jetzt wieder eine Deern war, sagte: »Wenn du den Weg aus dem Labyrinth findest, kommst du nach Hause!«

Damit war die Deern-Nixe für immer verschwunden.

Falk schwamm nun in dem wieder wärmer werdenden Wasser durch das Labyrinth. Er machte Zeichen an die Pflanzen, um sich zu orientieren, wo er schon einmal vorbeigekommen war. Diese Zeichen wandelten sich zu Straßenschildern. Auf einem Schild war ein Pfeil angebracht. Darauf stand: »Zum Bahnhof«. Falk folgte diesem Pfeil, plötzlich sah er einen Bahnhof. Hoppla, den Bahnhof kannte er! Es war der Bahnhof von Hamburg-Altona. Falk rannte auf den Bahnsteig, da kam ein Zug. Vorn auf dem Zug war deutlich auf einem Schild das Wort »Halle« zu lesen. Falk sprang in den Zug, der sofort losfuhr. Selig legte sich Falk zurück. Er schlief ein, bis ihn ein Kontrolleur weckte.

In dem Moment wachte Falk auf.

Er war im Zug eingeschlafen, um ihn herum saß seine Familie, seine Frau gab dem Kontrolleur die Fahrkarten, und die Familie lachte ihn an. Wie man nur so fest schlafen kann!

Der Traum hilft, alte Wünsche zu überwinden

Falk sprach mit dem Traumdeuter über den Traum. Es war ihm klar, seine Sehnsucht nach Weite ohne Sinn und Ziel führte ihn immer tiefer in ein Labyrinth. Und je mehr er dieser diffusen seelischen Sehnsucht nachgäbe, um so nachhaltiger ginge das auf Kosten seiner Energie. Der Sog, sich in unbestimmte Fernen aufzulösen, hätte zu einer Gefährdung führen können.

Diese Erkenntnis sollte sich erst langsam auswirken. Immerhin verbrachten Falk, seine Frau und seine Kinder den nächsten Urlaub in der sächsischen Schweiz, und es gefiel allen großartig. Sicher kam das Fernweh noch hier und da auf, besonders wenn Falk Reiseberichte im Fernsehen sah, aber er verspürte nicht mehr wie früher den Wunsch, sofort dahin zu fahren. Er fand langsam zu seiner Mitte, Voraussetzung für die Ruhe der Seele.

Der Tod im Traum
(Zwei Beispiele)

Tod im Traum hat meist überhaupt nichts mit dem realen Tod zu tun. Im Gegenteil, der Tod im Traum kann einen Neuanfang anzeigen. Die Todes- und Begräbnisbilder von geliebten Personen zeigen ein Absterben vertrauter Eigenschaften, die die Seele schwer entbehren kann, unter deren Verlust sie bitter leidet.

Der Tod im Traum hat in den allerseltensten Fällen etwas mit einem realen Tod zu tun. Er bedeutet: Eine Entwicklungsphase ist zu Ende gegangen.

Für die Psychologen war immer klar, daß jeder Abschied wie ein Tod sein kann, daß Männer, die eine momentane Impotenz haben, meinen, gestorben zu sein, oder daß ein Todestraum vom Kind wieder ein Stück Abnabelung der Mutter bedeutet.

Da war eine Frau voller Skepsis, was ihren Mann und sein Verhältnis zu Frauen betraf.

Sie träumt, daß sie abends im Fernsehen in den Nachrichten von einem Flugzeugabsturz über Florida hört und daß unter den Fluggästen auch mehrere Deutsche waren. Die Frau weiß sofort: Zu denen gehört mein Mann! Obwohl der eigentlich in Helsinki, in Finnland sein sollte. Er hat doch von dort angerufen. Aber was heißt das schon, anrufen kann er ja aus der ganzen Welt, und sagt einfach, hier in Finnland ist es kalt ... Nein, Oskar ist in Florida mit seiner Tussi! Nun ist er abgestürzt und tot.

Die Frau wacht kurz auf, schlaftrunken ruft sie die Lufthansa an, die ihr aber nichts sagen kann.
Sie nickt wohl noch einmal kurz ein, denn sie träumt, daß sie ein Telegramm bekäme, in dem alles über Absturz und Tod stände.
Sie wacht vom starken Klingeln an der Haustür auf. Sie springt noch benommen aus dem Bett und erwartet den Postzusteller. Doch wer steht vor der Tür? Ihr Mann.
Völlig überrascht sagt sie nur: »Du lebst, Oscar?«
Oscar antwortet knapp: »So kann man es nennen. Die Maschine aus Helsinki hatte Motorschaden und mußte umkehren.« Dann wirft er sich auf sein Bett und schläft ein.
Die Frau, immer noch von ihrem Traum eingenommen, kramt in den Papieren ihres Mannes und findet den Flugschein, der wirklich den Flug Helsinki – Frankfurt bestätigt.
Die Frau schämt sich. Ihr Mann hatte sie früher wirklich ein-, zweimal betrogen, aber bei ihr hatte sich ein Mißtrauenskomplex festgesetzt, und im Unterbewußtsein wünschte sie wohl manchmal den Tod ihres Mannes als Strafe herbei. Dabei bemerkte sie gar nicht, wie durch ihre Aggressionen von Wut und Rache die Liebe zu ihrem Mann abstarb, so daß sie sich selbst mehr schädigte, als sie wahrhaben wollte.

Ein anderer Fall aus der Praxis:
Eine Frau kam zum Traumberater. Nennen wir sie Anna. Sie war völlig verzweifelt. Seit Wochen träumte sie, daß sie ihren Mann beerdige. In ihren Träumen führte sie den Trauerzug an, der hinter dem Sarg herging, ehe dieser in eine Grube versenkt wurde. Dabei liebe sie ihren Mann über alles, habe ihm auch von diesen Beerdigungen berichtet, zumal sie danach stets tränennaß aufwachte.
Der Traumberater meinte zunächst, da stecke einmal ein Wunsch dahinter und eine Warnung. Der Wunsch sei nicht

Untreu oder tot?

Treu, aber verändert

der reale Tod ihres Mannes, aber in einem Punkt müsse wohl eine Gemeinsamkeit beerdigt werden, weil trotz ihres Wunsches der Mann nicht wieder in die Gemeinsamkeit zurückkäme. Die Warnung sei: Achtgeben, daß durch ein teilweise aufgetretenes Zerwürfnis nicht alles, also die gesamte Zweisamkeit begraben werden müsse.

Es stellte sich heraus, daß beide Eheleute gemeinsam auf einem künstlerischen Berufssektor gearbeitet hatten. Diesen Berufssektor hatte jedoch der Mann langsam, aber sicher verlassen. Das war für die Frau ein Aus! Ein Aus, das ihr Verstand einsah, denn der Mann hatte keinen Erfolg auf diesem Berufssektor. Aber ihre Seele war trotz dieser Einsicht voller Traurigkeit, daß in diesem Punkt die Gemeinsamkeit auseinandergebrochen war, zumal sich beide über den Beruf kennen und lieben gelernt hatten.

Dies war nun zu Ende, war tot, mußte begraben werden, damit es auf der Basis der anderen Gemeinsamkeiten weiterging. Die Seele war so klug, aber auch so hart, dies durch die Beerdigungsträume anzuzeigen. Diese Träume klärten also über die alte Liebesbeziehung, aber auch über die Berufstrennung auf. Gut, die Berufstrennung war vollzogen, war beerdigt. Aber das Leben (in diesem Fall die Liebe) ging ja weiter, sonst hätte die Frau ihrem Mann nie etwas über die Beerdigungsträume erzählt.

Was bedeutet ein Todesfall im Traum?

Tod im Traum hat also meist überhaupt nichts mit dem realen Tod zu tun, im Gegenteil, der Tod im Traum kann einen Neuanfang anzeigen. Der Traum richtet sich nicht nach realen Vorstellungen.

Mit Todträumen muß man sehr vorsichtig sein. Oft wird vom Tod der Mutter oder des Vaters geträumt, auch wenn diese noch leben. Dies bedeutet jedoch nicht, daß nun ein Elternteil in Kürze Abschied nimmt, sondern daß in uns ein seelisches Erbe von einem Elternteil ausgelebt, überwunden, also gestorben ist. Hier muß noch einmal eindringlich darauf aufmerksam gemacht werden, daß die Träumenden nur von sich träumen, nie von anderen. Wenn ein Verwandter, eine Freundin, ein Freund sterben oder wenn von einem nahestehenden Menschen auf einem Bahnhof Abschied genommen wird, dann ist das allein der Hinweis, daß in den Träumenden selbst dieser Abschied vollzogen wurde!

Die Todes- und Begräbnisbilder von geliebten Personen zeigen also ein Absterben vertrauter Eigenschaften, die die Seele schwer entbehren kann, unter deren Verlust sie bitter leidet. Oft folgt darauf später ein Geburts- oder Kindertraum, wenn das Unbewußte das neue Bild des Partners zaghaft annimmt.

Zwei Ehepaare verstanden sich gut, sie wohnten im gleichen Haus. Als sie in ihren Wohnungen durch Schikanen der Hausbesitzer nicht mehr bleiben konnten, beschlossen sie, sich gemeinsam ein Haus zu suchen, wo beide Paare gut leben konnten.

Man suchte ein Vierteljahr, dann kam das jüngere Ehepaar zu den älteren und sagte voller Stolz: » Wir haben eine Wohnung gefunden. Wir ziehen – sehr günstig – da und da ein. « Beim Mann des älteren Paares fiel sofort eine Klappe herunter, aber er ließ sich nichts anmerken.

Kein Wunder, daß in der Folge dieser Mann träumte, daß das jüngere Ehepaar gestorben sei. Sie waren zwar für ihn, aber nicht real gestorben. Die beiden Paare besuchten sich noch, waren höflich zueinander, aber zumindest für den älteren Mann war die Beziehung tot, ernstere Gespräche fanden nicht mehr statt. Man sah sich immer seltener.

Solche oder ähnliche Begebenheiten wie Freundschaftsenttäuschungen können Todesträume auslösen, die Seele will sich damit von etwas befreien. Sie braucht dafür oft das Symbol des Todes.

Andere Träume handeln vom Sterben eines Menschen, und zwar immer wieder. Hier stirbt eine Beziehung eher langsam. Die Seele bereitet dann die Träumenden darauf vor, daß etwas zu Ende geht.

Seelisch entfremdet = »für mich tot«

Geburtsträume – die Kehrseite der Todesträume

Das alles muß bei diesen Träumen beachtet werden, wobei es seltsam – aber doch logisch – sein mag, daß sich nach den Todesträumen sehr häufig Geburtsträume einstellen. Wenn etwas stirbt, kommt etwas Neues, das ist keine Frage. Nur werden die Geburtsträume meist nicht so ernst genommen. Zum Beispiel träumt ein Mann von der kleinen neuen Schwester oder einem neuen Baby. Oder Frauen halten ihren wilden kleinen Bruder zurück, rennen mit ihm herum, liebkosen ihn. Das ist meist in die Wasser-Seelenträume einzuordnen, gerade wenn der Träumende keine Geschwister hat oder nur eine lose Verbindung zu ihnen besteht.

Dann kann dies – vor allem in Umbruchsphasen – die weibliche oder männliche Wesensseite im Träumer verkörpern, die man annimmt oder neu entdeckt – bis zum Trauminzest. Oder man stößt sie ab – und schmeißt Bruder oder Schwester im Traum aus dem Fenster oder aus dem Kinderwagen.

Geburtsträume haben viele Gesichter

Daß ein Neugeburts- oder Neubeginn-Traum auch verkleidet auftreten kann, zeigt die Geschichte der Ehefrau Anna, die so sehr unter der beruflichen Neuorientierung ihres Mannes gelitten hatte.

Annas Traum:

»Ich renne durch eine schöne, hügelige Landschaft, die ist voller Wiesen, Täler und Berge. Tiere laufen überall herum. Ich fürchte sie. Alles ist klein und winzig. Plötzlich teilt sich eine Wiese, und aus dem Untergrund steigt langsam ein riesiges Gebilde hoch und bläst sich auf. Es ist eine Luftballon-Eule, die sieht aus wie eine Walt-Disney-Aufblaspuppe. Ich stehe erstarrt still. Da sehe ich, wie die Riesenule eines ihrer Augen langsam auf- und zuklappt und mir zublinkert – sie sieht eigentlich gar nicht furchterregend aus, eher freundlich und mutmachend. Ich schleiche ganz klein und geduckt vorbei. Männer mit spitzen Gelehrtenhüten – wie Magister –, viel größer als ich, diskutieren in einer fremden Sprache, gehen an dem Tier vorbei, ohne mich zu sehen. Ich wache auf.«

Hier hatte die Seele – wie Anna es selbst deutete – offenbar die große Angst vor dem neuen Berufsweg des Partners überwunden. Er machte ihr mit vertrautem Blinkern Hoffnung: Ist doch nicht so schlimm! Denn daß er die Eule war, wußte sie sofort.

Monate später überraschte sie ihren Ehemann beim Blättern in einer Illustrierten mit einem lauten Erstaunensschrei: In einer kleinen Werbezeichnung hatte sie genau das Abbild der Riesen-Plastikeule erkannt. Irgendwann hatte sie diese Zeichnung früher mal gesehen, und ihr Unbewußtes hatte sie offenbar gespeichert – als groteskes Fabeltier wurde das Motiv der Zeichnung für Anna ein tröstlicher und zuversichtlicher Hinweis, daß aus den Beerdigungsträumen etwas Neues entstanden war, das ihr nichts Böses antun wollte.

Wenn also solche Träume oder die Kinder- und Geburtsträume auftauchen, sollten sie mit eventuell zurückliegenden Todesträumen in Verbindung gebracht werden. Ein Traumtagebuch kann da wieder gute Dienste leisten!

Wo holt sich die Seele das Material für ihre Traumbilder?

Zwei Seelen-Erinnerungsträume:
Die Bleistiftkerze
und Der verrostete Schlüssel

Nun kann man durchaus von Menschen träumen, die schon länger verstorben sind. Im Unbewußten mahnt etwas, das mit dem geliebten Menschen zusammenhängt – man hatte es vielleicht vergessen oder verdrängt. Dies wäre dann dem Wasserelement zuzuordnen, im Gegensatz zu den Vergeßlichkeitsträumen des Erdelements.

Melanies Vater war schon einige Zeit tot. Sie hatte sehr an ihm gehangen und seinen Nachlaß mit viel Liebe geordnet. Geträumt hatte sie nie von ihm.

In kürzester Zeit hatte sie folgende Träume:

»Ich sollte etwas aus dem Keller holen. Wir wohnten ganz

Erster Traum vom verstorbenen Vater

oben, im Hochhaus. Alles war voller Kästen und Kartons und Kisten, wir waren wohl gerade in die Wohnung eingezogen. Mein Vater zeigte mir mit ernstem Gesicht einen gelben Bleistift mit Spitze, der sah aus wie eine Kerze. Ich sollte sofort vom Hausmeister eine Mine holen, sonst könne er nicht weiterschreiben. Ich fuhr ziemlich unlustig mit dem Aufzug in den Keller – ganz lange. Es wurde immer tiefer und dunkler. Menschen stiegen zu. Es war ein Lastenaufzug. Der Hausmeister winkte uns allen. Wir waren immer mehr Menschen und gingen durch Kellergänge. Ich rief ihm zu: »Wo ist denn die Mine? Ich brauche die Mine!« Gewühle wiederum vor einem Lastenaufzug. Ich drängte mich mit einem Kind vor zur Absperrung, damit ich ja mitkam! Den Bleistift (wie eine dicke gelbe Kerze mit weißer Spitze) hielt ich noch immer fest in der Hand. Ich quetschte mich in den Aufzug, es ging endlich los – ich wachte auf.«

Zweiter Traum vom verstorbenen Vater

Zwei Tage später träumte Melanie:
»Ich soll etwas aus dem Keller holen, wir wohnen im Hochhaus. Ich fahre viele Stockwerke hinunter. Ich habe ein Schlüsselbund in der Hand, kann aber die Nummer auf dem Schlüssel nicht lesen – eine Fünf und dann 47 oder so ... ein großer Mann steht an einem Tisch, etwas entfernt arbeitet seine Frau. Ich bat ihn, die Nummer zu lesen – sonst kann ich ja nicht in den Kellerverschlag! Er hat auch Mühe – alles scheint ihm verrostet und nicht geölt. Dann fragt er, wann ich denn zuletzt im Keller war. »Na, vor einem Dreivierteljahr« sage ich, »es war Herbst.« Er nimmt das Schlüsselbund auseinander, feilt und putzt an dem Schlüssel und den anderen Utensilien herum. Ich denke nur: Wie will er das wieder zusammenkriegen? Erkennt er nicht die Nummer? Ein Schräubchen fällt auf die Tischplatte herunter. Ich nehme es an mich. Hoffentlich fehlt das dann nicht, denke ich noch.«

Hier war etwas von dem Verstorbenen versäumt oder vergessen worden – ein Auftrag, eine Bitte – und das hatte Melanie wohl für ihn nachzuholen. Sie mußte in den Keller. Stift-Kerze sowie Schlüssel sind ja tiefverwurzelte Traumsymbole, die etwas »erhellen« und »aufschließen« sollen.

Nach Gesprächen mit dem Traumberater tauchte dies auch in Melanies Erinnerung auf: Zwei rückliegende Zerwürfnisse des Vaters mit Freunden hatte er selbst nicht mehr klären können. Diese Aufgabe sollte nun sie für ihn übernehmen. Ihre Seele hatte ihr im Traum den Weg gewiesen.

Ein Auftrag aus dem Jenseits – die Seele hört ihn

Die Seele flieht nicht (Seelen-Suchtraum)

Elvira – sie kam so alle zwei Jahre – war wieder einmal angemeldet.

Der Traumberater wußte sofort, eine Bindung ist in die Brüche gegangen. Elvira hatte viele Bindungen in ihrem Leben, aber sie war eine Ausnahmefrau, da sie nicht dem Partner die Schuld am Auseinandergehen gab, sondern die Verantwortung bei sich suchte. Deswegen kam sie auch wieder zur Beratung, denn sie hatte einen für sie merkwürdigen Traum.

Vorgeschickt muß noch werden, daß sich Elvira sehr mit der Jungschen Psychologie befaßte, daß sie viel von Archetypen und auch von den Träumen hielt. Sie hatte auch die Fähigkeit, ihre Träume selbst gut zu deuten, sie benötigte dazu nur einen Gesprächspartner. Sie berichtete von ihrem Traum.

Die Träume kommen, wenn sie gebraucht werden. Daher nutzt auch kein Zwingenwollen, damit man träumt.

Sie packte ihre Koffer, wollte ganz schnell Richtung Süden in die Sonne reisen, in der Toscana hatte sie mehrere Freunde, die sie auch unangemeldet »überfallen« konnte.

Sie packte auch viele Bücher ein, da sie gern las. Es waren lauter psychologische Titel. Aber eines, ein neues Traumbuch, legte sie als Reiselektüre neben die Koffer. Sie wusch

Die Abreise mißglückt

sich noch einmal die Hände, ging durch die Wohnung, löschte überall das Licht aus, dann trug sie die Koffer hinaus und wollte die Wohnungstür abschließen.

Aber trotz vieler Versuche ging die Tür nicht zu. So trug sie die Koffer wieder in die Wohnung. Als sie nun die Tür zumachte, sah sie, daß sich das neue Buch zwischen Tür und Türrahmen geklemmt hatte. Eine Uhr schlug mehrmals, Elvira legte sich erschöpft auf die Couch, sie wußte, der ICE war abgefahren.

Und wieder:
Die Abreise mißglückt

Einige Tage später träume sie:

Sie ging mit dem Koffer beladen aus dem Haus. Auf der Straße wartete sie auf ein Taxi. Als es kam, drehte sie sich noch einmal um und sah, daß in ihrer Wohnung noch Licht brannte. Taxi weggeschickt, zurück nach oben in die Wohnung. Wieder schlug eine Uhr mehrmals.

Beim Aufwachen dachte Elvira nur: »Ich will hier weg, ich will in den Süden, will Sonne, will zur Ruhe kommen. Ich muß mit meiner Seele wieder eins werden.«

Das sagte sie auch dem Traumberater, der aber antwortete: »Wenn die Seele auch in den Süden will, wird sie Ihnen das mitteilen.«

Elvira träumte fast jede Nacht, und jedesmal konnte sie ihr Haus aus diesen und jenen Gründen nicht verlassen. Und immer schlug eine Uhr laut an.

Geht es wirklich um
eine Reise?

Dann aber träumte sie einen völlig anderen Traum.

Sie hatte sich ein Mietauto genommen und fuhr auf einer Landstraße. Zuerst führte diese Landstraße über freie Felder, dann kamen die ersten Bäume, die Landstraße wurde plötzlich eine schöne Allee, Wälder kamen links und rechts, und die Seitenbepflanzung der Straße wurden immer dichter. Auf einmal sah Elvira von rechts eine Giraffe zwischen den Bäumen hervorgucken. Links streckte ein Elefant seinen Rüssel heraus. Ein Keiler überquerte die Straße, Vögel wurden aufgescheucht und versperrten die Sicht. Elvira mußte hart bremsen. Immer mehr Tiere, Löwen und Antilopen verengten die Straße, die plötzlich eine Sackgasse war.

Elvira wendete schnell den Wagen, die Tiere schraken zurück, und Elvira versuchte, der Wildnis zu entgehen. Wild trat sie aufs Gaspedal und kam bei ihrer Wohnung an. Als sie oben in ihrer Wohnung war, schlug wieder die Uhr.
»Mein Fazit aus den Träumen heißt also, ich soll nicht weg« sagte sie.
Der Traumberater stimmte zu.
Elvira beschloß, die Reise in die Toscana abzusagen, und sie hoffte, nun gut und ruhig zu schlafen.

Der nächste Traum:
Elvira sieht sich in der Toscana auf einem halbwegs freien Feld. Im Hintergrund Wetterleuchten. Da schießt aus dem Erdboden eine riesige Pythonschlange hervor und schlingt sich um den Leib der nun nackten Elvira. Der Kopf der Schlange war in der Höhe des Kopfes von Elvira. Es schien, daß die Schlange Elvira etwas sagte, aber es waren keine verständlichen Worte. Alles sah aus wie ein Gemälde von Eva im Paradies.
Elvira: »Ich glaube, ich kann nicht lieben, kann nur verführen. Ich rede viel von der Seele, aber die Seele spielt in meinen Beziehungen keine Rolle.«

Eva und die Schlange?

Später hörte der Traumberater, daß Elviras neueste Beziehung schon recht lange anhielt. Er traf sie und ihren Lebenspartner und staunte. Denn dieser Mann war nicht einer, der sofort Eindruck machte, um den jede Frau Elvira beneiden würde. Er war eher klein und nicht auffallend, recht unscheinbar. Dafür aber hatte er wissende und gütige Augen.
Elvira bat um einen Termin.
»Jetzt hab ich die Träume erst richtig verstanden, auch, daß das Einfach-Davonlaufen nichts bringt.« Sie hatte Frank kennengelernt, beide kamen sich näher. Sie war nur nicht sicher, ob es Liebe wäre.

Veränderungen im äußeren Leben ...

Letzter Traum von Elvira:
Elvira in einer Bar. Sie ist der Mittelpunkt. Viele Männer drängen sich um sie. Sie trinkt ein Glas nach dem anderen.

... verändern die Traumbilder

Da kommt Frank herein. Als er die angetrunkene Elvira
sieht, geht er. Elvira rennt durch dunkle Gassen, sie sucht
Frank. Aber Frank ist unauffindbar. Plötzlich sitzt sie vor
dem Haus, in dem Frank wohnt. Es wird Tag, Frank kommt
aus der Tür. Elvira will ihn umarmen, aber sie ist zu erschöpft und hockt elend da, Frank lächelt: »Du siehst heute
ganz besonders schön aus« sagt er zu dem müden Gesicht
mit zerzausten Haaren.
Ende des Traumes.
Die Wirklichkeit schien sich recht positiv zu gestalten. Es
kann nicht gesagt werden, daß der Traum allein die Wandlung und das aufkommende Gefühl der Seele verursachte.
Es waren sicher auch die Erfahrungen, die Elvira in ihrem
Leben gemacht hatte. Das ist festzuhalten, weil gerade in
der Traumanalyse der Satz gilt: Alles hat seine Zeit.

Träume kommen, wenn sie gebraucht werden

Die Träume kommen, wenn sie gebraucht werden. Daher
nutzt auch kein Zwingenwollen, damit man träumt. Not-
wendig ist sicher die innere Bereitschaft, auch die innere
Aufgeschlossenheit zum Erkennen der Träume.
Elvira hatte die letzten Träume sehr intensiv und nah erlebt.
Sie wurde durch die Träume offen für einen Menschen, den
sie vorher nie beachtet hätte. Dann kam das Wunder der
Liebe: Elvira entdeckte, daß es ihr Freude macht, für einen
Menschen etwas zu tun. Und wenn es damit beginnt, daß
sie nun gern kocht, gern für Frank den Tisch deckt, für ihn
Gänge erledigt.
In der Entwicklung von Elvira war die Traumarbeit der
i-Punkt, der berühmte Impulsbringer. Aber die Träume hätten ihr kaum großen Nutzen gebracht, wenn sie nicht innerlich dafür reif gewesen wäre. Wer auf seine Träume wirklich
hören will, der muß auch eine Bereitschaft für eine innere
Wandlung mitbringen. Fehlt diese, dann nutzen auch die
deutlichsten Träume nichts. Hier war die Bereitschaft vorhanden, und die Bindung zwischen Elvira und Frank ent-
wickelte sich zu einer echten Partnerschaft.

Die Auferstehung des Adepten
(Seelen-Sehnsuchtstraum)

Hans-Georg war Apotheker, und er wollte sich selbständig machen. Um seine Kunden gut zu beraten, hatte er sich auch mit vielen alternativen Heilrichtungen auseinandergesetzt, ohne die Schulmedizin abzulehnen. Seine Meinung war, daß beide Richtungen Hand in Hand zu gehen hätten. Hans-Georg hatte auch an mehreren Seminaren beim Traumberater teilgenommen, ohne je einen eigenen Traum zur Diskussion zu stellen. Dafür war er ein aufmerksamer Zuhörer, und wenn Fragen zu der Mythenwelt auftauchten, konnte er manches gute Wissen beisteuern. Besonderes Interesse hatte er für das alte Ägypten, er sagte einmal, daß er dort mit Sicherheit gelebt habe.

Nun tragen ja fast alle Abendländler ein Erbe aus Ägypten und aus Griechenland in sich, aber Hans-Georg war der Ansicht, viel von diesem archetypischen Erbe in sich zu haben. So standen in seinem Arbeitszimmer auch eine große Isisfigur sowie eine Statue der Skorpiongöttin Selket.

Am Ende des letzten Seminars erzählte Hans-Georg folgenden Traum:

Traum eines Träumers, der nie einen Traum erzählte

Er war einer unter mehreren Adepten in der Königskammer der Cheops-Pyramide. Es sollte eine Übung – nicht Prüfung – vollzogen werden, ehe die künftigen Adepten ihre Priesterfunktionen wahrnahmen. Jeder dieser Anwärter sollte sich nicht nur geistig, sondern auch körperlich mit dem Tod auseinandersetzen.

Diese Voraussetzung war Hans-Georg bekannt. Er wußte aus der Literatur über Ägypten, daß man die Adepten – also die künftigen Eingeweihten – in die Königskammer der Cheops-Pyramide brachte und dort in einen Sarg legte. Die Adepten sollten eine Todeserfahrung erlebt haben. Für Luftzufuhr war durch ein raffiniertes System gesorgt, und es wurde ihnen Wasser sowie ein Steinhammer in den Sarg gegeben. Wer von ihnen mit dem Hammer klopfte, wurde sofort aus der totalen Finsternis befreit. Keiner der zukünfti-

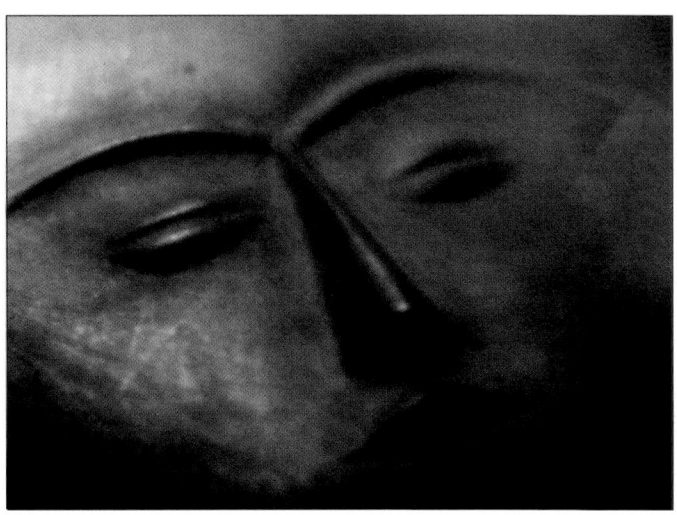

gen Adepten wußte, wie lange die Priester sie im Sarg liegen ließen. Erst nach dieser Übung sagte man den Adepten, wie lange sie eingeschlossen gewesen waren. Wer diese Prüfung hinter sich hatte, mußte einen Eid darüber ablegen, nicht zu verraten, wie lange er lebendig begraben war.

Wie gesagt, dies alles wußte Hans-Georg aus Büchern.

Der Traum vom Sarg

Sein Traum begann direkt in der Königskammer. Ein Hohepriester, den er nicht sah, teilte Hans-Georg mit tiefer Stimme mit, daß es nun auf sein Gottvertrauen ankomme. Dann wurde Hans-Georg in den Sarg gelegt, der ganz leicht ausgepolstert war. Der schwere Steindeckel schloß den Sarg so haarscharf ab, daß kein Lichtstrahl hinein gelangte. Zuerst lag Hans-Georg ganz still. Dann wurde er unruhig. Er sah Gestalten auf sich zulaufen, wußte aber, daß er ja allein im Sarg lag. Es waren also innere Figuren. Dann hörte er Stimmen, die er nicht verstand, aber es waren keine tröstenden Stimmen. Hans-Georg wurde immer ängstlicher. Er griff zum Hammer, legte ihn wieder fort. Dann langte er nach dem Wasser, zögerte und trank in ganz kleinen Schlucken. Er schwitzte im Grab, dann fror es ihn. Der Hammer war schließlich seine Zuversicht. Er wollte schon an die Seitensargwand schlagen, aber er ließ den Hammer fallen. Auf einmal waren im dunklen Sarg Gesichter von böse blickenden Magiern. Er hörte Stimmen: »Die lassen dich hier nicht mehr raus! Du bist ein Opfer für die Götter! Du mußt sterben! Alle Priester sind gegangen« Und Hans-Georg dachte: »In einer Woche holt man dich als Opferleiche heraus.«

Dann mußte Hans-Georg im Traum eingeschlafen sein, denn plötzlich wurde er wach, schreckte hoch und stieß sich den Kopf wund. Er hatte jedes Zeitgefühl verloren, bemerkte nur, daß noch recht viel Wasser vorhanden war. Dann wollte er hinaus. Er suchte den Hammer, aber der Hammer war unauffindbar. So schlug er mit den Händen an die Steinwand. Aber das gab kein Geräusch. Erschöpft sank Hans-Georg zurück. Dann hörte er ein scharfes Bohren, Männerstimmen und klatschende Geräusche. Licht blendete ihn. Man öffnete den Deckel.

Im Traum schlafen? Ja, das gibt es

Hans-Georg hatte die Prüfung bestanden, er wurde mit tosendem Beifall empfangen, dann hob man ihn aus dem Sarg. Er hätte allein nicht aufstehen können. Aufstehen ... das war eine Auferstehung, das Licht wieder zu sehen! Hans-Georg lächelte, er war glückselig, dann fragte er stotternd: »Wie lange?« »Es ist der dritte Tag«, klang es aus dem Munde des Hohepriesters mit der tiefen Stimme. Da wußte Hans-Georg: Das ist der Mondrhythmus, der nach drei Tagen der Dunkelheit aufersteht!

Hans-Georg war in der Begleitung der Priester auf einer Prozession in Memphis. Mit langsamen, fast schwebenden Schritten ging es zu einem Tempel. Andere nun auch eingeweihte Adepten schritten mit Hans-Georg. Im Saal des Tempels saß ein ehrwürdiger Mann, wohl ein Priester, umgeben von Folianten, dicken Büchern und Papyrusschriften. Jeder Adept durfte sich ein Schriftstück aussuchen. Hans-Georg bat nur um einen kleinen Papyrus. Der Hohepriester gab ihm eine Rolle. Hans-Georg war glücklich.

Im Garten saß er unter einem schattenwerfenden Laubbaum und begann, den Papyrus aufzurollen. Was las er? »Träume – und du kommst deiner Wahrheit am nächsten«

Auch lachen kann man im Traum

oder so ähnlich. Er mußte im Traum furchtbar lachen – und wachte auf.

Als Hans-Georg seinen Traum zu Ende erzählt hatte, löste sich manche Spannung, und alle lachten ebenfalls über den Papyrustext. Dieser Text beweist wieder, wieviel Humor in den Träumen stecken kann, in diesem Fall in der Seele des Hans-Georg.

Man kann seinen Traum zu den Luftträumen zählen, weil – natürlich durch die Gespräche im Seminar ausgelöst – hier der Wunsch nach Erkennen der eigenen Tiefe mit angelesenem Wissen zu einem so schönen und eigentlich heiteren Spaziergang nach innen geführt hatte. Es war ein fabelhafter Abschluß des Seminars.

Zu Beginn des Buches stand bei den *Feuerträumen* ein den Träumer beunruhigender Grab-Traum, der aber allmählich Wege zur Bewältigung einer deprimierenden Situation aufzeigte: nach der überwundenen Enttäuschung durch die Trennung von der Frau wieder neue Lebenslust und Freude zu suchen. Der Feuer-Sehnsuchtstraum führte mit verlockenden Bildern aus der Grabesgruft wieder ans Tageslicht (s. S. 33–37).

Der zweite, letzte Grab-Traum *Die Auferstehung des Adepten* ist von der Seele geprägt. Das gespeicherte Wissen über unser archetypisches Erbe ließ die Seele durch alle Stationen wandeln, die wohl als Wunsch einer Wiedergeburt und Auferstehung im Träumer vorhanden waren.

Die heitere Bestätigung des Papyrus zeigte auf, daß er für sich den Weg gefunden hatte, mit seiner Seele in beständigem Gespräch zu bleiben.

Checkliste IV:
Meine Wasserträume

Die in diesem Buch erzählten Träume erinnern mich an folgende Träume:

1. Traum:

2. Traum:

Eine Traumserie war:

_____

_____

_____

_____

_____

_____

_____

Ich halte sie für Wasserträume, weil:

_____

_____

_____

_____

Im Mittelpunkt stand bei ihnen die Entwicklung zu:

_____

_____

_____

_____

_____

Heute würde ich sagen, es waren eher Warn-, Erinnerungs- oder Wandlungsträume, weil:

_____

_____

_____

_____

Meine Deutung dieser Träume lautet:

_____

_____

_____

_____

Konnte ich die Träume gleich deuten?

_____

_____

_____

_____

Heute sehe ich sie so:

_____

_____

_____

_____

Schluß

Wie soll man die Traumdeutung angehen?

Mit den vorliegenden Träumen sind viele Anregungen gegeben, wie man an die Traumdeutung herangehen kann.

Es gibt viele Methoden, aber die lockere Art, die Träume einfach erst einfach aufzunehmen, scheint uns vielversprechend. Es müssen nicht immer große Analysen erstellt werden, auch nach der Bedeutung eines einzelnen Wortes ist nicht zu viel zu fragen. Der große Bogen muß stimmen. Wichtig ist zu erkennen, welche Art der Traum hat, wozu wir die vier Großunterteilungen angeboten haben.

Diese Anregung stellt kein Muß dar. Beim Traum ist es wie beim Autofahren: Man kann über die Fahrstile der einzelnen Autofahrer dicke Bücher schreiben, aber das Individuelle ist doch nicht immer zu erfassen. Genauso verhält es sich bei den Träumen.

Ein Rat am Ende:
Man habe Mut, die eigenen Träume selbst zu deuten!

Teil II

Das Traumlexikon
von A – Z

Zum Gebrauch des Traumlexikons ist zu sagen, daß jedes Stichwort im Grunde ein Symbol ist. Symbole sind vielfältig und vielseitig, müssen sich also in den Rahmen eines Traumes einpassen. Wald ist nicht gleich Wald. Der Wald kann ein Stück gesunder Natur symbolisieren, aber je nach Traumbild einen Teil der Umweltzerstörung versinnbildlichen. In einen Wald kann man lustig wandernd gehen, aber manche fliehen auch in einen Wald und suchen dort Schutz. Der Wald kann einmal Menschen bedrängen, kann voller böser Geister sein, zum anderen symbolisiert er auch das Geheimnis, das er beherbergt. In den Wald werden wir von einem scheuen Reh gelockt, oder wir werden durch ein Untier aus dem Wald vertrieben. Es kommt also auf die Umstände des Traumes an – und darauf, wie zwei oder mehr Symbole miteinander kombiniert werden. Also Reh und Wald, oder Untier und Wald etc. Der Wald kann dicht sein oder durch Lichtungen sehr aufgelockert erscheinen, er kann auch trocken sein. Es ist daher wichtig, durch was für einen Wald etwa Rotkäppchen mit dem Wolf geht. Das Stichwort »Wald« sagt allein nicht viel, es ist nicht mehr als eine Anregung zur Assoziation.

Man kann Gnomen im Wald vermuten oder Riesen befürchten. Diese vielen Bilder sind in keinem Lexikon zu erfassen! Es ist daher besser, daß die Träumenden nach der Anregung durch das Stichwort ihre eigenen Gedanken in die Deutung einbringen, sich also nicht von einem Lexikon abhängig machen, die Stichworte jedoch zum Ausgangspunkt der Traumdeutungen verwenden.

Es sei noch einmal erwähnt, was bereits auf S. 26/27 gesagt wurde: Jedes Lexikon enthält die gleichen gegenständlichen Bilder.

> Die Seele träumt nicht abstrakt.
> Sie bedient sich alltäglicher Dinge.
> Sie kleidet z.B. die Angst in:
> Tiergestalten

zufallende Türen
gehetztes Laufen
Schrumpfen des Ich und
Wachsen der anderen Gestalten.

Am besten kommt man zur Deutung, wenn man das Traumbild mit der realen Situation gleichsetzt: Ich werde von einem Tiger gejagt und renne. Das ist natürlich eine Angstvision. Wer oder was erscheint mir im realen Leben wie ein reißendes Tier? Eine erotische Gefahr? Oder der Chef, der mich wegrationalisieren will? Oder steht mir eine Aufgabe bevor, und ich fürchte, daß ich überfordert bin (gefressen oder zerrissen werde)?
Oder:
Ein Schlüssel im Traum will oder muß immer etwas auf- oder zuschließen. Meist öffnen! Habe ich etwas versäumt zu tun, was ich verdränge? Soll ich den Mut haben, eine Sache anzupacken, vor der ich mich scheue? Also die »Tür aufschließen«?
Erzählen Sie sich selbst den Traum mit den Bildern. Was wollen »Tier« und »Schlüssel« ausdrücken?

Was beschäftigt Sie im Moment bei der Alltagsbewältigung?	**Erdtraum**
Was lockt Sie und lebt als heftiger Wunsch bewußt oder unbewußt in Ihnen?	**Feuertraum**
An welche Bilder Ihrer Sehnsüchte werden Sie erinnert?	**Lufttraum**
Und am wichtigsten: Was kommt da an Symbolen aus dem Urgrund, was will mir das Bild an seelischen Problemen zeigen?	**Wassertraum**

Gehen Sie mit Mut und Zutrauen an die Deutung heran!

A

Aal	Ein seelisches Symbol, da der Aal an die Mondsichel erinnert. Seelisch droht etwas zu entgleiten.
Aas	Verstorbenes oder Abgelegtes geht einem nicht mehr aus dem Sinn.
Abbruch	Eine Reform ist notwendig. Etwas muß entfernt werden.
Abend	Tagesbilanz überdenken! Angst der Seele, daß es um einen herum dunkel wird.
Abfall	Ballast abwerfen. Innere Reinigung der Seele, schlechtes Gewissen.
Abgrund	Warnung vor dem Absturz. Gegebene Grenzen nicht überschreiten. Rechtzeitige Umkehr einleiten.
Abnabelung	Sich von Hemmungen und überholten Bindungen befreien. Mutprobe! Sich selbständig machen.
Abschied	Altes, auch Liebgewordenes loslassen. Hoffen auf einen Neuanfang. Eine innere Ablösung bereitet sich vor.
Abwaschen	Säuberung: Die Seele will Unangenehmes und Belastendes loswerden.
Abzeichen	Stolz, etwas Besonderes zu sein. Aber auch gebrandmarkt sein.
Acht	Die Zahl soll das Unbewußte an etwas erinnern. Oder Bild für alles, was mit »Achtung vor etwas haben« zusammenhängt.
Acker	Gute Voraussetzung, Neues zu beginnen.
Adler	Sich der Herrschaft beugen oder selbst die Herrschaft anstreben. Gefahr des Hochmutes oder Auftrieb und geistiger Höhenflug.
Affe	Vorsicht vor zuviel Übermut. Gefahr der Zurückentwicklung. Mißachtung anderer. Lächerlich sein.
Akten	Etwas ist gespeichert, schriftlich festgehalten. Das ist nicht angenehm. Oder etwas ist in der Seele dokumentiert, was eigentlich vergessen war.
Akrobat	Wunsch oder Sinn, etwas Besonderes zu leisten. Akrobat auf dem Seil: Gefahr. Tanz über dem Abgrund. Sonst optimistische Lebenseinstellung.
Alarm	Gefahrensignal. Aufwachen, handeln! Feinde erkennen.
Alchimist	Veränderungswünsche! Suche nach innerer Verwandlung.
Alter	Seiner inneren »weisen« Stimme folgen, aber auch Angst davor haben.
Alkohol	Versuch, sich Mut zu machen. Hinweis auf Abhängigkeit, Verweigern der Hilfe, die von außen kommt.
Allee	Freie Fahrt – doch wohin? Wenn die Allee einen Knick macht: Einstellungsänderung. Knick nach links: Dem Herzen wird gefolgt, Knick nach rechts: Die Vernunft hat Vorfahrt.

Almosen	Empfangen: Die Seele bittet um Hilfe. Geben: Opferbereitschaft zeigen, nicht innerlich geizen!
Altar	Um Hilfe bitten. Die Andacht suchen, auch Schutz.
Amboß	Jemand straft mich, oder ich will jemanden strafen.
Ameisen	Fleiß wird gefragt. Sich einer Ordnung beugen, das macht nervös, fahrig, unruhig.
Amsel	Optimistische Aufmunterung, wenn sie singt.
Angeln	Zeichen, daß die Geduld ein wesentlicher Charakterzug sein soll. Aber auch etwas »aus der Seele herausholen« wollen.
Angst	Wichtig: Elementzuordnung! Immer seelischer Druck, der beachtet werden muß. Nicht mehr Herr der eigenen Handlungen sein.
Anker	Sehnsucht nach Sicherheit und Ruhe. Das rastlose Leben der Seele beenden. Absicht, eine feste Bindung (auch im Beruf) einzugehen.
Anklage/Anwalt	Das schlechte Gewissen. Nur weiß man nicht genau, was falsch gemacht wurde. Die Seele mahnt!
Ankleiden	Die Kleidung wird gewechselt. Vielleicht will man auch »verändert« andere überraschen oder täuschen.
Apfel	Sehnsucht nach dem Paradies, Sehnsucht nach Verführung. Der Biß in einen Apfel lockt. Erotisches Vorspiel. Genuß und Lebensfreude. Ist der Apfel faul, warnt die Seele vor einer Partnerschaft, »der Wurm ist drin«.
Aphrodite	Wunsch nach der weiblichen Erfüllung, aber auch nach geistiger Schönheit.
Apotheke	Wunder von unbekannten Dingen erwarten. Auch eine Warnung, mehr auf die Gesundheit zu achten.
Appetit	Lebenshunger, Gier.
Applaus	Sehnsucht nach Anerkennung, *Wunschtraum*.

Aprikose	Wunsch nach Beglückung. Ähnlich wie *Apfel*.
Aquarium	Die Geheimnisse der Seele verheißen verlockende Farben. Eintauchen in sich selbst.
Arbeitsgeräte	Aufforderung zum Aufwachen aus einer Depression. Hang zur Faulheit überwinden.
Arbeitsraum	Man genügt sich selbst. Arbeit als Suchtgefahr.
Arche	Das Erreichte sichern. Warnung vor der Flucht der Seele. Isolation. Oder vor Neidern und gesellschaftspolitischen Entwicklungen. Sozialabbau. Beschränkung auf das Wesentliche.
Arktis	In der engen Umgebung breitet sich Kälte aus. Beziehungen frieren ein.
Arme	Sehnsucht nach Behütetsein. Oft Wunsch, wieder Kind zu sein, um von den Armen der Mutter beschützt zu werden. Auch Angst vor Armen, die zuschlagen.
Armreif	Auszeichnung für gut absolvierte Arbeit. Einsatz wird belohnt.
Arrest	Eine Gewissensprüfung wird gefordert, Isolation.
Arsen	Vergiftungsgefahr, und zwar seelischer Art. Gefahr von unberechtigter Schmeichelei. Giftige Gedanken.
Arzt	Der Heiler in einem selbst. Erkennen der eigenen falschen Diagnosen. Wunsch nach Autorität, die einen wieder heil macht.
As	Die höchste Spielkarte. Herz-As Glück in der Liebe, Kreuz-As reale Chancen im Beruf, Karo-As Möglichkeit von Gewinnen, Pik-As seelische Weiterentwicklung.
Asche	Erinnerung an Abgebranntes, etwas Endgültiges, das aber nicht mehr weh tut. Asche über das Meer auskippen bedeutet meist: Seele will in die Urheimat zurück.
Asthma	Meist Autoritätsängste. Die eigenen Argumente werden nicht akzeptiert. Jemand schnürt der Seele die Luft ab.
Astronaut	Sehnsucht, den Himmel zu erreichen. Oft *Aussteiger-Lufttraum*. Alles Erdhafte soll zurückbleiben.
Atlas	Fernweh, Reiselust. Vorbereitung auf innerliche Reisen, aber auch Wunsch der Seele zu fliehen.
Attentat	Warnung vor Gewalt. Auf der Hut sein vor einem Überraschungsangriff, das Unbewußte hat Angst vor Verwundungen.
Auferstehung	Das große Hoffnungssymbol für alle Probleme und Schwierigkeiten, die anfallen. Tatkraft, Selbstvertrauen, Neubeginn, Wiedergeburt.
Aufknöpfen	Bereitschaft, sich zu öffnen. Anderen ein manchmal auch intimes Angebot machen. Aufgeschlossenheit, zu vertrauensselig.
Auftritt	Mut zeigen, sich der Verantwortung stellen. Bereitschaft, andere zu schützen. Auch bluffen, sich überschätzen.
Auge	Mahnung, etwas zu sehen, auch wenn man lieber die Augen ver-

schließen würde. Scharfblick. Wachsamkeit. Sieht das Unbewußte etwas falsch?

Auktion
Positives Mitwirken in der Öffentlichkeit. Bereitschaft, auch Vermögen einzusetzen oder zu verschleudern.

Ausflug
Einsicht, daß Abwechslung gebraucht wird. Aufforderung der Seele, etwas zu unternehmen.

Ausgrabung
Altes Wissen aufnehmen. Sich auf das einst Gelernte besinnen.

Aushang
Hat die Seele etwas verdrängt, vergessen? Man muß nachsehen. Meist eine verschlüsselte Botschaft des Unbewußten.

Austern
Sehnsucht zur großen Welt. Gutes Essen und Trinken. Perlen sammeln. Wunsch, »in« zu sein. Möglich aber auch, vom Austern-Essen ausgeschlossen zu sein. Neid.

Ausverkauf
Chancen nutzen, aber auch Warnung, daß etwas in uns »verramscht« wird.

Auswanderung
Lockungen der Ferne. Bereitschaft zu abenteuerlichen Handlungen. Routine über Bord werfen. Suchen nach neuen Impulsen und meist auch neuen Partnerschaften.

Autopanne
Die Fortentwicklung stockt. In den eigenen Entwicklungen sind Fehler. Genaue Überprüfung aller Pläne ist notwendig. Warnung vor Selbstüberschätzung.

Automat
Man will schnell etwas gewinnen. Riskiert dabei viel. Oft *Utopietraum.*

Autoritätsperson
Manchmal Angstsymbol seit der Kindheit. Furcht der Seele zu versagen. Bei immer wiederkehrendem Traum: Ursache herausfinden, Berufswelt kritisch betrachten. Eventuell sich eine neue Autorität suchen.

Avenue
Wie *Allee.* Wunschvorstellung und Leistungsziel.

Axt
Wenn man bedroht wird, Furcht vor etwas oder jemand. Aggression der Seele, wenn man sie in der Hand hält. Man möchte einen Baum, der einem Licht wegnimmt, einfach abholzen!

B

Baby
Symbol für Elternwünsche. Suche nach einem Nachfolger, einem Erben, jemandem, der das Geschäft übernimmt.

Babysitter
Gefahr, Verantwortung abtreten zu wollen. Vertrauen investieren, auch in einen Neuanfang.

Bach
Frisches Quellwasser als Zeichen eines Gesundungsprozesses. Erfrischung. Gute Erfolgsaussichten. Ausgetrocknetes Bachbett: Warnung der Seele! Notwendigkeit zu Investitionen an Optimismus und Vertrauen.

Backen	Schöpferisches Tun. Auch Symbol für Neugeburt der Seele, nachdem etwas zu Ende gegangen ist. Hoffnung! Produktive Pläne. *Erdtraum* vom unbewußten Zutrauen zu sich selbst.
Backofen	Seelische Erlebnisse werden zu einer Erfahrung der Reife gebrannt.
Bad	Erkenntnis, daß die Seele gereinigt werden will! Aber auch Schuldgefühle und schlechtes Gewissen, Schmutz abwaschen.
Bagger	Etwas in uns wird bedroht bis zum Niederwalzen. Oder eine große Energie muß aufgebracht werden. Gewaltiger Krafteinsatz nötig.
Bahnhof	Aufbruch zu einem neuen Ziel. Meist wird noch der richtige Zug gesucht. Leerer Bahnhof bedeutet Verlassenheit der Seele oder Anschluß verpaßt.
Bahre	Mahnung, sich an innerlich Abgestorbenes zu erinnern oder es zu beerdigen.
Balance	Kampf um das Gleichgewicht, aber auch um Gerechtigkeit.
Balken	Balken vor dem Fuß: Hindernisse. Balken vor dem Auge: Die Sicht wird einem genommen.
Balkon	Weitblick. Heraustreten aus der Beengtheit.
Ball	Fest im glanzvollen Rahmen. *Wunschtraum.* Will man nur dazugehören, oder wird man eingeladen, ist auserwählt und Mittelpunkt?
Ballett	Disziplin, Leistung, aber auch Zwang, Drill. Bereitschaft, sich einzuordnen, oder innere Abwehr.

Ballon	Schweben über dem langweiligen Alltag. *Lufttraum.* Illusion oder hochfliegende Wünsche der Seele.
Bananen	Männliches Sexsymbol, Sehnsucht nach erotischen Freuden.
Bank	Das Unbewußte wartet in Ruhe ab.
Banknoten/	*Sicherheits-,* aber meist *Unsicherheitstraum.* Oft realer Existenz-

Bankrott	hintergrund. *Erdtraum*, der in den Schlaf hineingeht.
Bär	Kraftvolle Gefühle. Mütterlichkeit, wenn man selbst der Bär ist. Wird man verfolgt: Urinstinkt und Urkraft auch in sexueller Hinsicht.
Bar	Lust auf Abenteuer und flüchtige Begegnungen.
Bardame	Vorsicht vor Vertrauensverlust. Gespielte Teilnahme.
Barfuß	Der zukünftige Weg ist unklar, Neuanfang notwendig, Verletzbarkeit.
Barometer	Die Lage ist wetterwendisch. Schönwetter und Schlechtwetter zeigen Launen des Unbewußten.
Barriere	Hindernisse auf dem eingeschlagenen Weg.
Basar	Interesse für Neues, Aufregendes oder Selbstüberschätzung. Chancen, Lust zum Handeln. Aktivität.
Bau	Große Pläne. Man wächst mit dem Bau über sich hinaus. Gefahr der Utopie.
Bauruine	Die Pläne waren zu exzentrisch. Zu große Hoffnungen. Man hat seine Möglichkeiten überschätzt.
Bauer	Bleib auf deinem Acker. Warnung vor Luftschlössern.
Baum	War immer ein Sexualsymbol. Bedeutet aber auch Vertrauen und Beständigkeit, Schutz.
Becher	Gefüllter Becher Zutrauen. Leerer Becher Gefahr, daß etwas nicht nachzufüllen ist, was man braucht.
Beeren	Sammeln: Kräfte fließen einem zu.
Beet	Chancen, etwas innerlich anzupflanzen, um es später zu ernten.
Begräbnis	Vergangenes begraben. Man muß einen Menschen, eine Situation neu sehen lernen. Alte Gedanken nicht wiederholen.
Bedienung	In guter Situation kann man sich Bedienstete leisten. Das Unbewußte freut sich über eine Leistung.
Beichte	Eine Aussprache wird benötigt. Etwas bedrückt die Seele. Das Bedürfnis, mit jemanden über sein Fehlverhalten zu sprechen.
Beifall	Der Applaus tut gut. Ermunternder Beifall bedeutet oft Vorschußlorbeeren für *Wunschträume*.
Beileid	Beileid aussprechen: Man ist aufgerufen, Hilfe zu leisten. Beileid empfangen: Die Lage ist schwierig.
Beischlaf	Sehnsucht nach körperlicher Entspannung und Erfüllung. Erfolgter Beischlaf: Wunderbare Partnerbeziehung. Wichtig die Frage: Mit wem habe ich geschlafen? Waren es verborgene Wünsche (mit Chefin geschlafen), oder war es ein verbotener Beischlaf (Ehebruch)?
Bellen	Eines Hundes: Gefahr im Verzug. Zu große Vertrauensseligkeit, Warnung.
Benzin	Der innere Motor braucht Nahrung.

Berg	Große Hürden liegen vor uns, aber eine schöne Aussicht lockt. Pläne für die fernere Zukunft, Ehrgeiz.
Bergführer	Sich einer Führung anvertrauen, die den Weg weist. Wissen, was man kann.
Bernstein	Schmuck der alten Zeit. Sinnbild der Beständigkeit.
Besen	Eine gründliche Reinigung ist notwendig. In der Seele muß etwas aufgeräumt werden.
Betrunkene	Treten fremde Betrunkene auf, hat das Unbewußte Schwierigkeiten, sich bemerkbar zu machen. Ist man selbst betrunken: Man schwankt innerlich hin und her.
Bett	Sinnbild der Geborgenheit, Ort der Ruhe und der Heilung. Wichtig, ob man allein oder mit jemandem im Bett liegt: Einsamkeit, Verlassensein oder Trost und Hilfe.
Bettler	Aufforderung, sozial zu denken, Mahnung, mit den eigenen Gaben und Talenten vorsichtig zu sein, damit man nicht »arm« wird.
Bibliothek	Hinweis, daß ich mir Wissen holen kann, daß mehr Wissen für die Weiterarbeit benötigt wird.
Bienen	Summender Schwarm: Bedrängtheit. Der Stich einer Biene (im Traum) bringt Glück in der Liebe. Biene kann auch Schimpfwort für zu willige Mädchen sein.
Bier	Belobigung! Schäumendes, gerade eingeschenktes Bier ist Zeichen für gut geleistete Arbeit.
Bigamie	Sehnsucht nach mehr Frauen oder Männern. *Sexualtraum*, der Wünsche aufdecken kann.
Bikini	Verlockung durch Frauen. Sehnsucht nach Wärme und Mädchen. Aber auch sich entblößen wollen.
Bildhauer	Schonungslose Arbeit an sich selbst oder anderen. Schulung der Menschenkenntnis.
Billard	Gute Spieler zeigen Geschicklichkeit. Schlechte Spieler: Die Seele hat offenbar danebengezielt.
Birke	Symbol der Anpassung, wiegt sich in allen Winden, innere Freude.
Birne	Als Frucht Sexualsymbol. Sehnsucht, alle Köstlichkeiten der Frau zu genießen. Als Baum: Vorfreude auf eine gute Ernte. Belohnung.
Blätter	Die herabgefallenen Blätter symbolisieren den Herbst. Etwas verwelkt: Auf das Alter vorbereiten. Frische grüne Blätter: Lebensfreude.
Blau	Die Farbe des Himmels, die Farbe des Wohlergehens. Auch die Farbe der Weisheit, geistiger Freude.
Blech	Wertloser Ersatz. Viel Blech wird geredet. Allgemeine Wertverluste, enttäuschte Seele.
Bleistift	Spitze Bemerkungen. Dem Spott oder einer Karikatur ausgesetzt sein. Mahnung, sich unbedingt etwas zu merken!

Blind	Blinde führen bedeutet Menschen beistehen, denen es an Weitsicht fehlt. Blind sein: Das Unbewußte weiß keinen Rat.
Blitz	Plötzliche Erkenntnis, aber auch Strafe und Mahnung des Himmels. Wenn es in der Nähe einschlägt, dann ist dies ein *Aufbruchtraum*. Für Verliebte schlägt der Blitz ein. Blitz ohne Donner verheißt meist etwas Gutes.
Blumen	Liebesgedanken. Aufmunterung und Aussicht auf Heilung für Kranke. Träume der Freude.
Blut	Jemand hat uns tief verletzt. Blutverlust soll darauf aufmerksam machen. Verbluten kann man aber auch materiell. Bluttransfusion: Auffrischung der Lebenskräfte.
Boje	Ein Wegweiser im Meer der Tiefe und der Seele. Boje im Traum sagt: Bitte nichts übersehen!
Bombe	Bedrohungen, Ängste. Feind ist nicht zu erkennen. Große Aufmerksamkeit ist angebracht.
Boot	Etwas befördern, Botschaften, die das Meer der Seele durchfahren. Frage, ob Horizont, damit Ziel in Sicht?
Bordell	Genußsehnsucht. Wunsch, über die Stränge zu schlagen.
Boten	Bringen gute oder böse Nachrichten. Auf Kleidung des Boten achten. Ist er hell oder dunkel gekleidet? Dunkle Boten künden schwarze Nachrichten an.
Bowling	Spiel und Unterhaltung in der Gemeinschaft. Ziel: Alle Neune (beim Bowl. sind es Zehne) zu werfen. Ziel also mit Geltungstrieb.
Boxen	Die Seele teilt Schläge aus oder steckt sie ein. Hier werden Kämpfe mit Gewalt und nicht mit Geist ausgetragen.
Brand	Das zerstörende Feuer, das alles in uns vernichten kann. Wer ist der Brandstifter, etwa der Träumende? Signale von Leidenschaft und Gefährdungen.
Braun	Die Erdfarbe, die mahnt, auf dem Boden der Tatsachen zu bleiben. Reales Denken wird gefordert.
Braut	Meist ein Wunschbild der Frauen, aber auch der Wunsch der Männer, sich zu binden, ohne sich zu binden. Sehnsucht nach einem neuen »reinen« Anfang.
Bremse	Sind die Bremsen in Ordnung, kann ich mich noch bremsen? Mahnung, sich zurückzuhalten, wenn sie versagen.
Bretter	Material, um eine Hütte zu erbauen. Seele sucht ein solides Fundament.
Briefe	Nachrichten aus aller Welt erwarten. Das Unbewußte möchte, daß Kontakte geknüpft werden. *Kommunikationstraum*.
Brillanten	Der Wunsch, reich zu werden, Eindruck auf andere zu machen. Man will glänzen. Täuschung möglich!
Brille	Brillen können blind, aber auch alles deutlich sichtbar machen.

Wenn die Brille nicht paßt, sieht man unbewußt oder willentlich etwas falsch. Man muß sich ein neues Bild von der Welt schaffen.

Brise   Fahrtwind unterstützt das eigene Vorankommen. Brise kann abkühlen und Erfrischung bringen. Immer bewegend.

Brosche   Schmuckstück, mit dem man Aufmerksamkeit erregen will. Altmodisch: Will an jemand oder etwas erinnern.

Brot   Wenn vorhanden, lebensbejahend und zufrieden, die Grundabsicherung ist vorhanden. Wenn Brot fehlt, dann sind Anstrengungen notwendig. Brot spenden bedeutet Großzügigkeit.

Brücke   Kann Liebende oder Freunde zusammenführen. Meinungsverschiedenheiten werden überbrückt. Positive Aussage. Hat die Brücke einen Schaden, warnt die Seele vor einer Verbindung.

Bruder   Steht für Ratgeber, Beistand, auch wenn man keinen Bruder hat. Aber oft die männliche Seite in der Frau.

Brunnen   Erkenntnisse der Tiefe befruchten den Kopf, wenn er sprudelt. Schöpferisches Denken im Einklang mit der Seele.

Brust   Sexsymbol bei Männern. Angst mancher Frauen vor dem Nachlassen der weiblichen Anziehungskraft.

Buch   Das handliche Wissen. Zeichen der Bildung und der Erfahrung. Das Unbewußte will auf innere Werte hinweisen.

Buchhalter/ Aufforderung zur Genauigkeit, Mahnung vor Leichtsinn. Oder
Buchprüfer will die Seele etwas verbergen?

Buckel   Liebe zu den Mitmenschen ist gefordert. Mitleid. Man kann auch an einer seelischen Last tragen, die einen niederdrückt.

Bügeln   Fehler ausbügeln. Ungebügeltes Hemd bedeutet Mißachtung der anderen und eigene Schlamperei.

Bühne	Spielt man sich etwas vor oder den anderen? Irgend etwas »verkleidet« oder verbirgt das Unbewußte für die Umwelt.
Burg	Ein Hort der Sicherheit. Sehnsucht nach Macht. Aber auch abschotten! Gefahr der starren Haltung! Jede Burg hat Verließe, in denen Menschen verschwinden.
Büro	Meist verschiedene Büros, in die man vergeblich eintritt, weil man innerlich etwas sucht. Oft Reste des Tag-Erlebens, meist etwas bedrückend.
Bus	Gemeinschaftsfahrt ist anvisiert. Damit Einordnung, Menschenmenge. Man fühlt sich fremd.
Busch	Versteckmöglichkeiten. Man kann beobachten, aber auch hinter dem Busch verbotene Dinge tun. Heimlichkeit.
Bußgeld	Man muß »blechen«, Seele erwartet eine Bestrafung für irgendwas.
Butler	Symbol für das Ansehen, das man in der Gesellschaft genießt. Ein hoher Status ist erreicht. Ist man selbst Butler, weist das Unbewußte auf Dienste hin, die geleistet werden sollen.

C

Café	Unterhaltung und Besinnung. Meist heiterer *Kommunikationstraum*. Informationsort. Zeitung lesen, Menschen treffen.
Chaos	Angstzustände. Ruf der Seele, den momentanen Zustand zu regeln und zu reformieren.
Chef	Zu respektierende Führungsperson, oft *Autoritätstraum*.
Chor	Fröhlicher *Kommunikationstraum*, auch Furcht, in der lauten Menge unterzugehen.
Christus	Auseinandersetzung mit dieser Religionsfigur. Um Hilfe bitten. Negativ: Wut und Zorn über verweigerte Hilfe.
Clown	Der Narr im Zirkus. Sich verstecken, etwas vortäuschen. Meist auch verborgene Traurigkeit. Gefahr des Geizes.
Code	Verschlüsselte Botschaft der Seele, man begreift sie nicht. Gefahr eines begangenen Betruges, den man verbergen will.
Computer	Zahlen und Tabellen nicht verstehen oder plötzlich begreifen. Meist unverarbeitete Tagesreste.

D

Dach	Der Schutz des Kopfes. Unter dem Dach wohnt der Geist, der Verstand. Gefahr, wenn das Dach undicht ist, wenn Feuer unter dem Dach ausbricht. Kann der Kopf noch kontrollieren?

Dachboden	Was hier schon lange versteckt ist, muß hin und wieder sortiert werden. Unter dem Kram sind vielleicht wertvolle Ideen verborgen.
Dame	Die Sehnsucht nach gehobenem Lebensstil. Wunsch nach Respektsperson mit Vorbildcharakter. Das kann die Seele auch von sich selbst erwarten.
Dämon	Pläne, die letztlich aber den Träumenden schaden, Warnung, Ängste. Auch Wunsch nach Überkräften.
Dampfer	Seelische Impulse überfahren. Schnell will der Verstand zum Ziel.
Darm	Etwas bedrückt uns, man will sich von üblen Belastungen befreien.
Datteln	Süße Früchte locken, erotische Lustgefühle.
Daumen	Herrschaftszeichen. Daumen hoch: man lobt, Daumen unten: man verurteilt.
Debatte	Auseinandersetzungen der Seele, mehrere (eigene) Meinungen, Zwiespalt, Aufregungen.
Decke	Man sehnt sich nach Wärme. Inneres Frösteln. Sich verstecken wollen.
Degen	Sexualwunsch des Mannes. Eroberungswunsch der Frau.
Denkmal	Der Wunsch, Spuren zu hinterlassen. Etwas für die Nachwelt tun wollen. Auch Selbst-Übersteigerung.
Detektiv	Etwas aufschlüsseln, auch bei Partnern.
Dieb	Angst vor Verlusten. Meist, weil man sich selbst bestiehlt. Heimlichkeiten belasten den Träumer.
Dietrich	Symbol für heimliches Öffnen von Türen, Wunsch des Unbewußten, etwas zu erfahren, hinter ein Geheimnis zu kommen.
Diktat/Diktator	Etwas anordnen zu können ist ein tiefer Wunsch. *Autoritätstraum* eher negativer Art. Übersteigerter Drang nach Beachtung.
Diplom	Auszeichnung für geleistete Arbeit. Prüfungen sind bestanden. Stolz und Selbstwertgefühle.
Dirigent	Wie Diktator, nur positiv und aufbauend. Die Seele will andere mitreißen.
Disteln	Warnsymbol, Gefahren. Sticheleien und Stiche tun weh.
Dom	Sich hingezogen fühlen zu großen Gesten. Innere Erhebung. Unbewußter Wunsch nach Großartigkeit.
Donner	Entscheidung, ob man den richtigen Weg gewählt hat. Meist zeigt der Donner eine Strafe an, manchmal – aber selten – ein Lob des Himmels. Soll aufrütteln!
Dorf	Seele wünscht sich die Idylle der Ruhe, der Beschaulichkeit, in einer überschaubaren Menschenmenge. Friedliche Gedanken.
Dornen	Dickicht. Stacheln und Dornen tun weh, man kann sich kaum wehren, ist gefangen. Seele leidet.
Dose	Meist enthält die Dose ein Geheimnis. Man will etwas verschlie-

	ßen, bewahren. Oder die Seele öffnet die Dose, um etwas zu verschenken (Zuwendung).
Drache	Das sagenhafte Untier der Saurierzeit. Begegnung mit einem Drachen stellt immer eine Mutprobe dar. Meist ist der Drache in uns selbst gemeint. Seele ist also zum Kampf gerüstet.
Draht	Es muß etwas zusammengehalten werden (Freundschaft, Bindung). Wozu eine Schnur nicht reicht. Auch der Wunsch, jemanden zu fesseln.
Dreck	Die Seele fühlt sich beschmutzt oder will andere beschmutzen.
Dreifuß	Auf dem saß die Pythia von Delphi, um wahrzusagen, also die Wahrheit über sich zu finden. Deutet meist positiv auf geistige Kraft und Erleuchtung hin.
Dreizehn	Die geheime Glückszahl der Wissenden. Immer im Traumzusammenhang deuten.
Drogen	Aussteigerwunsch. Süchtig nach Gefahr.
Drohung	Versuch der Einschüchterung, auf die man sich nicht einlassen sollte. Eventuell eine Warnung der Seele.
Dschungel	Die Klarsicht ist nicht vorhanden. Verirrung der Seele. Auch Verführungen, die mehr versprechen, als sie halten können. Vorsicht!
Dünger	Aufladung der Kräfte. Die Kreativität erwacht wieder. Neuer Lebensmut und neue Chancen.
Durst	Man ist an einer Lebenskrise angekommen. Durst nach Liebe und Erfolg. Das Unbewußte sendet Hilferufe! Man soll in sich nachfragen, warum!

E

Ebbe	Arbeiten vollenden, bevor die Flut kommt. Auch Ebbe im Geldbeutel oder im Vorratsschrank. Seele schickt Signale, weil zu wenig »Wasser« da ist oder sie bald überschwemmt wird!
Eber	Gefahr durch Aggressivität, auch Sexualität.
Echo	Endlich wird man gehört. Die Angesprochenen antworten. Oder man hört wieder, was der andere meint.
Edelsteine	Optimismus, etwas erweist sich als kostbar.
Ehebruch	*Wunschtraum* oder *Alptraum*. Jeder träumt einmal davon, nicht treu zu sein, neue Impulse werden ersehnt. Kann auch Zorn und Angst der Seele verraten.
Ehrenwort	Das Unbewußte sagt, daß man etwas unterlassen will oder nicht gehalten hat.
Ei	Wissen, daß es darauf ankommt, im Ei der Gesellschaft (Gruppe, Beruf) aufgenommen zu werden, kreativ dazuzugehören.

Eiche	Symbol für den großen Schutz. Positiver Halt. Ansehen.
Eichhörnchen	Flink und vorsorglich – die Seele will auf diese Eigenschaften hinweisen – bei sich oder anderen. Sind die Tiere unangenehm, dann glaubt man, jemand nimmt uns etwas weg.
Eid	Mit einem Eid liefert man sich einer Aufgabe aus. Die Verantwortung für andere rückt in den Vordergrund.
Eieruhr	Mahnung, die Zeit nicht beim Genuß (Eieruhr steht meist in der Küche) vergehen zu lassen.
Eile	Meist wird man gejagt, läuft weg oder muß unbedingt etwas zeitlich erreichen: Seele will wachrütteln und hat auch oft Ängste.
Einbrecher	Gefahr für den inneren Frieden. Die Seele wird bedrängt, da einem das Wertvollste, nämlich unser Ich, gestohlen werden soll. Keine Vorahnung von Realitäten!
Einfrieren	Das Seelische wird eingefroren. Das Hören auf die eigene Tiefe ist zu mühsam. Lieber stellt man sich starr.
Einladung	Wird in der Regel sehnsuchtsvoll erwartet. Hoffnung, daß sich jetzt das Innere geöffnet hat.
Einmaleins	Oft Verwirrung, weil man einfachste Zahlen nicht weiß. Das Unbewußte sucht Lösung eines Problems.
Eins	Die Sehnsucht, die/der Erste zu sein. Zutrauen zu sich selbst oder Geltungsbedürfnis.
Einsiedler	Die Seele will in sich gehen. Aber auch inneres Verlassenheitsgefühl und Isolation.
Einsteigen	Wunsch, etwas zu unternehmen, optimistischer Neubeginn. Neue Erkenntnisse, neues Wissen einholen.
Eisenbahn	Häufig verpaßt man im Traum den Zug oder springt gerade noch auf: Die Seele muß eine neue Sicht gewinnen, etwas wagen.
Elefant	Weit verbreitetes Glückssymbol. Im Grunde wünschen sich die

Träumenden mehr die dicke Elefantenhaut und die Kraft dieser Tiere. Aber auch deren Gedächtnis. Elefanten vergessen das Gute nicht. Aber sie tragen auch nach.

Ellenbogen Mehr mutiger Einsatz wird gefordert. Der Mut, sich zu wehren, kann nachgelassen haben.

Elster Der Vogel steht allgemein für Diebstahl. Innerlich: Die Seele fürchtet, daß man sie in der nahen Umgebung ihrer Substanz berauben will.

Eltern Oder ein Elternteil: Elternprobleme, die noch nicht aufgearbeitet sind. Aufwertung oder Abnabelung bestimmter Eigenschaften, mit denen man Probleme hat. Nie eine Schuldzuweisung!

Engel Botschaft vom Himmel, ein mutmachender Traum, der höheren Segen verkündet. Auch Sehnsuchtswunsch *(Lufttraum)* nach geistiger (religiöser) Erhebung.

Enkel Der Generationssprung in der Entwicklung. Meist ist man seiner Zeit voraus.

Entbindung Sehr positiver Traum, ein Gedanke, eine Idee, die nun geboren worden ist. Pläne realisieren sich, nehmen Formen und Gestalt an.

Ente Eine falsche Nachricht, Zeitungsente treibt die Träumer in die Illusion oder in die Depression.

Entführung Angst um das Heim. Auch Furcht, die innere Sicherheit zu verlieren. Geistig *(Lufttraum)* vermag eine Entführung als Befreiung angesehen werden, wenn man sich selbst entführen läßt.

Entjungferung Sehnsucht, erwachsen zu werden. *Sexualtraum.* Auch Wunsch, den Mut zu neuer Lebenseinstellung zu finden.

Entmannung *Angsttraum* der Männer, der lange Perioden der Niedergeschlagenheit auslösen kann.

Erbschaft Meist nicht materiell zu deuten. Charaktervererbungen sind wesentlicher, oft vererben sich gerade negative Eigenschaften. Man hat – positiv oder bedrückend – etwas Vergangenes aufzuarbeiten.

Erdbeeren Sehnsucht nach sexueller Erfüllung. »Ich küsse Deinen Erdbeermund.« Gezuckerte Erdbeeren gleich Genuß um jeden Preis. Aber Vorsicht! Die rote Farbe sieht man überall!

Erdkugel Das Wissen der ganzen Erde aufnehmen zu wollen. *Sehnsuchtstraum*, Fernweh. Expansionsdenken.

Erkältung Angst, die Sprache zu verlieren. Besonders deutlich vor Prüfungen und wichtigen Besprechungen.

Ernte Bei guter Ernte Hoffnungssymbol für Belohnung. Bei schlechter Ernte die Furcht, wegen mangelnder Substanz zu versagen.

Ersticken Die Luft bleibt weg. Ähnlich wie Asthma.

Ertrinken Große Hilfe wird erbeten. Seelische Pläne gehen baden. Man schwimmt und weiß, es bleibt nur ein Wunder. *Angsttraum.*

Esel	Symbol dafür, daß bisher alle Arbeiten willig ausgeführt wurden, nun aber wird man ausgenutzt und damit störrisch. Versuch, den Reiter oder die Last abzuschütteln. Dickköpfigkeit und Eigensinn. Sehnsucht nach Belobung.
Eulen	Der Wunsch nach Weisheit, um das Dunkle zu durchschauen. Auch der Wunsch, sich zurückzuziehen, alleingelassen zu werden. Die Seele strebt nach geistiger Konzentration. Aber auch Isolation als Strafe oder Buße.
Exil	Vertreibung aus den eigenen vier Wänden. Man wird nicht mehr gebraucht. Selten ein bewußter Neuanfang.
Explosion	Gefahr, die befreit. Endlich stürzen alte, verkrustete Mauern ein. Aber auch Warnung, daß unsere seelischen Emotionen nicht mehr zu kontrollieren sind.

F

Fabeltiere	*Instinkttraum.* Signale der Seele, nicht nur das Vordergründige und Reale zu sehen, das archetypische Erbe will uns Impulse geben.
Fabriktürme	Sollen sexuelle Bedürfnisse zum Ausdruck bringen. Aber sie können uns auch das Ziel widerspiegeln, mit der eigenen Arbeit zu expandieren, bis in den Himmel hinein.
Fächer	Sehnsucht nach Abwechslung, auch Sehnsucht nach neuen Ideen und Impulsen. Meist heiterer *Lufttraum.*
Fackel	Emotionaler *Feuertraum.* Häufig heftige Liebeskräfte. Wo die Fackel leuchtet, ist das Licht nicht ausgegangen. Vorsicht, sie kann auch entzünden!
Fahne	Aufbruch, Aktivität in luftiger, eher geistiger Sicht. Positiver Elan, auch Führungswunsch.
Fähre	Symbol der Seele, an ein anderes Ufer kommen zu wollen. Aber auch der Wunsch, Abschied vom Leben zu nehmen.
Fahrschein	Mit einem Fahrschein hat man ein Recht erkauft. Welches? Meist *Erdtraum.* Unehrliche Gedanken sollten im Keim erstickt werden.
Falke	Der Vogel, der in den Mythen Nachrichten der Gottheiten übermittelt. Auf die inneren Stimmen hören.
Fall	Die Ersteigung war zu hoch. Hochmut kommt vor dem Fall. Die Seele sollte sich wieder bescheiden.
Falle	Meist hat man sich selbst eine Falle gestellt, weil man aus den eigenen Fehlern noch nichts gelernt hat. *Warntraum!*
Fallschirm	Das Glückserlebnis, schweben, ja fliegen zu können. Notwendig für Weitsicht und Tapferkeit. Das Unbewußte will aber eine Sicherung einbauen, damit man nicht abstürzt. Nachdenken, welche!

muß. Die Seele mahnt etwas an: Wem schulde ich was? (Muß nicht Geld sein!)

Geburt Die Vorbereitungen sind abzuschließen, damit etwas Neues, Kreatives in der Seele frei wird.

Gefängnis Bin ich unschuldig im Gefängnis oder nicht? Habe ich mich selbst gefangen? Meist sieht der Gefangene wie der Wärter oder der Gefängnisdirektor aus.

Gehalt Wenn es ausgezahlt wird, ist dies ein gutes Symbol, Belohnung. Wenn es nicht gezahlt wird, kann die Seele sich ungerecht behandelt fühlen, oder sie ist »verschuldet«.

Gehen Je nach Tempo des Spazierganges. Schnelles Gehen meist Optimismus: Zuversicht, vorwärts zu kommen.

Geier Mahnung, Ordnung zu schaffen. Das Aas zu beseitigen. Verflossenes zu vernichten. Auch Böses endlich zu verzeihen.

Geige Ein tief erotisches Symbol. Er wie sie wollen ein vollendetes Spiel, das am Schluß viel Beifall erhält.

Geizhals Meist geht es nicht um Geld. Die Träumenden sind oft mit ihrem Gefühl sehr geizig, sie zeigen keine Emotionen.

Gelbsucht Meist psychosomatische Krankheit, ausgelöst durch Neid und Mißgunst. Die Träumenden sollten sich nach diesen Eigenschaften selbst befragen.

Geld Der Traum vom Reichtum und die Angst vor der Armut. Meist aber nicht materiell zu deuten. Gewinne oder Verluste seelischer oder emotionaler Werte.

Geliebte (Gilt auch für *Geliebter*) Sehnsucht nach mehr Liebe. Muß nicht Seitensprung bedeuten!

Gemälde Wunsch, berühmt zu werden. Das Unbewußte möchte etwas von sich verewigen. Vorsicht! Man sieht sich vielleicht gern »schöner«, als man ist.

Gemüse Meist verwelktes Gemüse. Gute Lebenschancen sind vorbeigegangen. Die Seele sagt, daß etwas verkümmert und nicht benutzt wurde.

Gepäck Man kann Pflichten gut tragen und ist bereichert. Oder das Innere empfindet sie als Last.

Gericht Anklage wird erhoben. Bestrafung, Schuldgefühle, Wunsch nach Gerechtigkeit.

Gerüst Ausbesserungen sind notwendig. Auch eventuell eine neue Fassade. Was bröckelt in uns und bedarf der Renovierung?

Geschirr Kaufen bedeutet: Die Gemeinschaft wird erweitert. Geschirr zerschlagen: Eine Gemeinschaft ist in Gefahr.

Gesellschaft Man wird in die Gesellschaft aufgenommen oder aus ihr verstoßen. *Kommunikationstraum.*

Gesicht	Wer soll es sein? Sieht oft anders aus, aber man erkennt es sofort! Man soll wohl das eigene Verhältnis zu diesem Menschen überprüfen. Ist man selbst das Gesicht, macht es aufmerksam, daß wir uns selber fremd sein könnten.
Gewehr	Sich rüsten für eine Auseinandersetzung. *Feuertraum.* Aggressivität.
Geweih	Angst vor dem eigenen Seitensprung oder dem des Lebenspartners. Einem Mann werden »Hörner aufgesetzt«, auch im übertragenen Sinn.
Gewichte	Zeigen einen Lebensabschnitt an, in dem viel zu tragen ist, aber die Energie dafür ist vorhanden. Aufpassen, wenn die Gewichte überschwer werden.
Gewinne	Das Herz jubelt, aber es geht nicht um Geld! Die Seele fühlt sich bereichert. Element beachten!
Gewürze	Wenn immer mehr verlangt werden, dann ist das Leben sehr fade. Inneres Bedürfnis nach neuen Reizen. Oder etwas war zu »scharf«.
Gift	Die Suche nach dem Gift ist oft die Suche nach dem Ausweg. Die Seele muß offenbar »Bitteres schlucken«.
Gigolo	Sexualsehnsucht auf primitivem Niveau.
Gitarre	Aufregende Begleitmusik bei sexuellen Wünschen. Gefahr der Verführung.
Gleichgewicht	Die Angst, die Balance zu verlieren, *Warntraum.* Suche nach der Mitte. In sich gehen. Was bedrückt uns?
Gleis	Aufbruchswunsch des Unbewußten, wenn ein Zug kommt. Kommt kein Zug, zeigt dies innere Einsamkeit an.
Glocken	Läuten kündet Feste an, innere Vorfreude. Kann aber auch Mahnung sein: Es ist Zeit!
Gold	Der große Erfolg. Oft Illusions-*Wunschtraum.*
Gondel	Gondeln zeigen erotische Wünsche an, aber möglichst in der Ferne.
Granit	Dickköpfigkeit: Beißt die eigene Seele auf Granit, oder ist man selbst »starr«?
Grenze	Das Überschreiten ist eine Wohltat, eine Befreiung der Seele. Eine Blockade wird abgebaut. Steht man davor, sollte man prüfen: Was darf ich nicht betreten?
Grill	Hat meist nichts mit dem Essen zu tun. Eher die Angst, daß die Seele in brenzlige Situationen gerät. *Feuertraum.*
Großeltern	Oft *Autoritätstraum.* Oder die Seele sieht sich wieder als klein und beschützt – oder ängstlich.
Grube	Will man etwas finden oder verbergen? Gräbt man die Grube für sich selbst, will man einen Schatz ausgraben? Etwas aus sich herausholen? Oder Angst, beiseite geschoben zu werden? *Erdtraum.*
Grundstück	Wer ein Grundstück besitzt, der hat es endlich geschafft. Stolz der

Gürtel	Seele auf Erworbenes. *Erdtraum.* Zaun ums Grundstück gleich Sehnsucht nach Sicherheit, aber Gefahr der Abkapselung. Symbole für eine Bindung. Löst man den Gürtel, will das Unbewußte vielleicht eine Bindung aufgeben. Gürtel enger schnallen heißt Opferbereitschaft. Auch Einsicht in die Notwendigkeit.
Gymnastik	Innere Aktivität, meist Beweglichkeit der Seele.

H

Haar	Volles reiches Haar: Optimistische Kraftanzeige. Einst hieß es in den Mythen: Wem man die Haare abschneidet, der ist hilflos. Glatze oder ausgefallenes Haar: Seele hat Angst vor Vitalverlust. Haare, die wieder wachsen, zeigen eine Grunderholung für alle Lebensgebiete an.
Hafen	Zu beachten, ob Ein- oder Ausfahrt oder nur der Hafen geträumt war. Einfahrt: zurückkommen. Ausfahrt: Fernweh. Im Hafen: seelisch wieder zu sich finden, ein inneres Wohlfühlen. *Kommunikationstraum.*
Hagel	Ein Unwetter, das einen Schutz suchen läßt. Hagel kann Menschen und Werte verletzen. Die Seele fürchtet, daß es Vorwürfe und Anklagen hagelt, was einem sehr zu schaffen macht.
Hahn	Meist verräterisch. Sexual-, oft auch Kampfsymbol. *Feuertraum.*
Halskette	Schöner Schmuck, der leichter zu tragen ist als eine eiserne Halskette, die uns die Luft abschnürt .
Hammer	Wie *Axt.* Aktives Symbol des Handelns *(Erd-Feuertraum).* Aber auch unbewußter Verteidigungs- und Vernichtungswunsch (etwas festklopfen).
Hand	Linke Hand: Aufforderung, in die Tiefe zu gehen. Rechte Hand: Aufforderung, Reales zu gestalten.
Handleser	Wunsch, etwas über die eigenen inneren Geheimnisse zu erfahren. Freude oder Angst beim Erwachen?
Handschlag	Frieden mit einem inneren Feind schließen. Respektieren gegenteiliger Meinungen und Auffassungen.
Handschuhe	Etwas verbergen wollen, niemanden mitteilen, welche Handlungen im Moment ausgeführt werden.
Handtasche	Vieles, was sich innerlich angesammelt hat, vor anderen verbergen oder öffnen (wie *Dose*).
Handtuch	Abreiben: Etwas beseitigen. Aber auch sich geschützt fühlen wollen. Wunsch nach Häuslichkeit.
Hängematte	Häufig Sehnsucht der Seele nach Schutz wie in der Kindheit, da man so schön hin und her gewiegt wurde.

Harem	Sexueller Wunschtraum von Männern und Frauen nach Beziehungen ohne Verantwortung.
Haschisch	Realität vergessen, nur träumen. *Aussteiger-* und *Illusionstraum.*
Hase	Das Fruchtbarkeits- und Frühlingssymbol kann erotische Wünsche ausdrücken. Oder will die Seele vor etwas fliehen (Angsthase)?
Haus	Wird oft mit dem Menschen gleichgesetzt (Dach des Kopfes, Keller der Triebe etc.) Kann aber auch Wunsch nach festem Halt, Sicherheit und Schutz sein. Meist *Erdtraum.*

Hausmeister	Kennt das seelische Gebäude. Muß für Ordnung sorgen. Hat Schlüssel, vor allem zu dem »inneren Keller«.
Haustier	Der Traum von der menschlichen Einsamkeit, da Tiere Ersatzlösungen anbieten. Sehnsucht zu beschützen. Aber Tiere widersprechen auch nicht!
Haut	Empfindlichkeit, Blöße, aber auch lockende Versuchung.
Hebamme	Die ersehnte Hilfe für Neugeborenes ist da, Pläne werden verwirklicht, positiv, lebensbejahend.
Hecke	Schutz vor Eindringlingen (wie *Gatter*).
Heft	Erfahrungen, Notizen, Beobachtungen werden notiert. Aufforderung, sich an Dinge zu erinnern oder sie sich zu merken.
Heirat	Der Traum von der ersehnten Verbindung. Seltener auch die Angst davor.
Heimweh	Man vermißt jemanden oder etwas. Trauriger Traum.
Hemd	Oft Scham oder Angst vor Bloßstellung. Kann auch Wunsch des Unbewußten sein, sich zu entblößen!

Herd	Symbol beständiger Wärme. Vom Herd geht eine große Energie aus. Schöner *Erdtraum*.
Herz	Symbol für Liebe und Lebenskraft. *Feuertraum*. Achtung, wenn es zu laut und angstvoll schlägt. Warum?
Heu	Ernte, Vorsorge, wenn man es bündelt. Aber es ist auch dürres Gras, könnte auf seelische Kümmernisse hinweisen.
Heulen	Bei wilden Tieren: das Heulen will Aufmerksamkeit wecken. Gefahren lauern in der Nähe, der Instinkt warnt.
Hexe	Angst vor unbekannten Kräften. Drohung. *Erdtraum*. Oder will ich jemanden »verhexen« – verwünschen?
Himbeeren	Verlockendes Obst der Liebe.
Himmel	Blick nach oben: geistiger *Luft-Sehnsuchtstraum*. Die großen Zusammenhänge werden nur am Himmel deutlich. Frage: Tag- oder Nachthimmel? Blick zur Sonne oder Blick zum Mond und zu den Sternen? Einmal Blick in die Helle und die Realität, dort in die Tiefe der Seele.
Hinrichtung	(wie *Galgen*) Meist verlangt das Unbewußte Selbstbestrafung.
Hinken	Unsicherheit im Weitergehen. Die Seele meldet Zögern und Verharren an. Wovor? *Erdtraum*.
Hinterhalt	Entweder wird man in einen Hinterhalt gelockt, oder man stellt selbst einen Hinterhalt. *Erdtraum*. Beides nicht positiv.
Hintertreppe	Umzug vom Vorderhaus ins Hinterhaus. Persönliche Herabsetzung. Sozialer Abstieg. Auch List und krumme Wege der Seele.
Hitze	Ein Feuer brennt in den Träumenden. Erotische Begierde. *Feuertraum*.
Hobeln	Oft Wunsch nach Bestätigung, Rechthaberei. Aber auch Bedürfnis der Seele, an sich zu arbeiten.
Hochseil	Kunst des Lavierens, mit der Gefahr abzustürzen. Wunsch, bewundert zu werden (wie *Akrobat*).
Hochsprung	Sportliche Leistungen, Ehrgeiz, besser sein als andere, aber auch Mobbing, Rücksichtslosigkeit.
Hochzeit	Wunschtraum (wie *Heirat*).
Hölle	Verlockung und Befürchtung. Oft Schuldgefühle, daß nach der Wunscherfüllung die Strafe folgt. Verteufelter Bund mit dem Satan.
Honig	Die Freude am Genuß, aber auch Sehnsucht nach Heilung.
Horizont	Die Weite lockt. Die Seele möchte sich entfalten, auch wegstreben. *Luft-* oder *Utopietraum*.
Hosen	Die nicht sitzen: Der Mensch ist im Sexualbereich unsicher und frustriert.
Hotel	Wichtig, ob kleines Hinterhotel oder Prachtbau. Fühlt man sich wohl? Die verschiedenen Hotels drücken Angst und Hoffnung aus.
Hufeisen	Das Glückssymbol, wenn die Öffnung nach oben zeigt. Das Glück

	wird ausgeschüttet, wenn die Öffnung nach unten zeigt, weil es aus dem Hufeisen herausfällt.
Huhn	Innere Aufgeregtheit. Es ist zur Zeit schwer, Ordnung in sein Leben zu bringen. Oft nervöse Tag-Reste.
Hund	Bei Hundebesitzern manchmal Tag-Reste. Sonst: Hund symbolisiert ein instktives Wachsein. Freundschaft zwischen dem Instinkt und der Seele.
Hunger	Kommunikation oder Gefühl der Vereinsamung. Seele möchte neue Impulse bekommen. Kein realer Essenshunger, sondern ein Hunger nach Bildung (Bücher) oder Hunger nach Kunst (Musik). Die Seele hat ein schmerzhaftes Sättigungsbedürfnis. Vielleicht nach Verständnis und Zuwendung.
Hurrikan	Wer gegen seine Natur, seine Seele gelebt hat, der erfährt nun durch einen Wetterumsturz, wie schädlich sein Verhalten war.
Husten	Die Träumenden fühlen sich belastet. Sie wollen etwas abstoßen, was sie innerlich bedrängt, ihnen die Luft abschnürt.
Hut	Der Schutz des Kopfes. Auch die Bewahrung von Ideen oder das Verbergen von Einfällen. Ein großer Frauenhut symbolisiert den Wunsch aufzufallen, aber auch den Wunsch, wieder »behütet« zu sein.
Hygiene	Geistige Sauberkeit. Meist ist innere Reinigung angesprochen. Manchmal mahnt die Seele, daß man zu penibel und moralisch denkt.
Hymne	Spricht für Vaterlandsliebe, für Patriotismus. Das Innere will sich mit dem Lobgesang erfreuen. Auch Ausdruck von Gläubigkeit.

I

Igel	Das Sonnen-, also das Glückstier. Wer vom Igel träumt, weiß sich mit seinen Stacheln zu wehren, aber die Seele will sich auch unempfindlich stellen können.
Ikone	Heilige Bilder aus dem Osten. Meist religiöse, gläubige Bereitschaft, unbewußt mütterliche Einstellung.
Impfung	Man wehrt sich. Angst vor Beeinflussung?
Impotenz	(wie *Entmannung*). Angstzustand der Seele zu versagen (nicht nur sexuell).
Industrie	Aktivität der heutigen Zeit. Die Technik triumphiert. Geschäftigkeit (*Erdtraum*).
Infektion	Schlechter Umgang mit Leuten, die einem nicht nutzen. Anfälligkeit der Seele, daß man sich »ansteckt« (nicht von einer Krankheit).

Insekten	Nervosität. Tag-Reste. Seele ist unruhig, gereizt.
Insel	Einer der wenigen Ruheplätze, nach denen sich die Seele sehnt. Ruhe, Einsamkeit, sich besinnen. *Wassertraum.*
Instrument	Das richtige Instrument versucht der Traum anzuzeigen, möglicherweise »spielt« die Seele eine Melodie der Freude oder Trauer. Das Instrument kann auch Hilferufe weitergeben.
Invasion	Fremde dringen in die nähere Umgebung ein. Feindseligkeit. Unbewußte Angst vor Überrumpelung.
Inventur	Es wird Zeit, Bilanz zu ziehen und Ordnung zu schaffen. Was ist geblieben, was ist gegangen? *Erdtraum.*
Inzest	Hat meist keine sexuelle Bedeutung. Man nimmt den »inneren Bruder«, die männliche Komponente in sich an. Oft fröhlicher Traum. *Alptraum*, wenn die Seele mit dieser Eigenrolle nicht fertig wird.
Irrgarten	Das Unbewußte mahnt! Hilfe kann nur von außen kommen oder durch geduldiges Erforschen des »Irrgartens«.
Irrsinn	Völlige Verwirrung. Ängste, aus denen man ausbrechen will. Elementzuteilung! Meist *Lufttraum.*
Isolation	Das völlige Abgeschlossensein von der Umgebung, von der Heimat, von Menschen. Hilferufe werden nicht beantwortet. Oder: Wen habe ich isoliert?

J

Jacke	Aushängekleidung. Ist die Jacke sehr geflickt, gleich innere Armut. Ist die Jacke ein schönes Seidenprodukt, dann ist die Seele der Träumenden wohl mit sich zufrieden.
Jade	Der Schmuck der Eingeweihten. Die grüne Farbe wirkt positiv. *Erdtraum.*
Jagd	Die Träumenden suchen Erfolge, negativ auch Hetztraum, Mobbing. Meist jedoch wird man gejagt – *Angsttraum.*
Jahrmarkt	Der bunte Rummel des Lebens lockt die Träumenden. Der Wunsch, mitten im Leben zu stehen (wie *Ball, Gesellschaft* etc.).
Jähzorn	Böse Entgleisungen. Was hat die Seele erzürnt? Die Emotionen wühlen die Träumenden auf, die nun kontrollierter reagieren sollten.
Jesus	Ein archetypisches Glaubenssymbol des Leidens und Duldens. Missions- und Vorbildtraum. *Lufttraum.*
Job	Die Seele ahnt, daß etwas fehlt: Beruf ohne Berufung wird als Job definiert. Wie soll dann das Leben weitergehen, wenn man keinen Sinn in der Arbeit findet?

Jockey	Auf hohem Roß zum Erfolg. Aber er läßt das Pferd laufen. *Autoritätstraum*, auch Machtgefühl der Seele, wenn das Roß nicht stürzt.
Joggen	(Wie *Laufen*) Aktivität, Bewegung, Energie.
Jongleur	Geschick und auch Bluff scheint das Unbewußte zum Ausdruck zu bringen. Gelingt das Kunststück? *Lufttraum*.
Journalist	(*Lufttraum*, wie *Heft*) Mit Kommunikation verbunden. Aufforderung, wachsam zu sein und alles aufzuzeichnen, sich zu merken.
Jubel	*Wunschtraum*, wie *Beifall*.
Judo	Vertrauen in eigene Kraft (keine Waffe). Aktivität, Durchsetzung. *Erdtraum*.
Jucken	Sich in seiner Haut unwohl fühlen. Der Wunsch, Lästiges loszuwerden. Nervöser Reiz, oft aus Tagresten.
Jupiter	Archetypisches mythologisches Bild. Ist man selbst der oberste Herr des Olymps? Oder hat man Angst, daß er uns straft? Im Unbewußten eventuell die Lust des Gottes auf amouröse Ausschreitungen (Leda und der Schwan, Europa und der Stier etc.).
Juwelen	Wunschtraum (wie *Gold, Geld, Schmuck*).

K

Kabarett	Das Leben von der heiteren Art sehen (wie *Fasching*) Seele möchte andere bloßstellen, oder fühlt man sich durchschaut?
Kabel	Man hat Strom, damit Energie, Ende der Einsamkeit.
Kabine	Die Seele möchte was erleben (Wasser), aber gut geschützt auf Reisen gehen, nicht ausbrechen. Hier kann man unter Menschen und doch allein sein.

Kaffee	Das tropische Getränk, das einen wach und munter macht. Wunsch nach anregenden Genüssen, die heiß sein sollen!
Kai	Die befestigte Ufermauer, die noch Sicherheit bietet. Man traut sich vielleicht nicht in das Gewässer der Seele.
Kalender	Mahnung, seine Zeit zu nutzen, da diese sonst davonrennt. Das Unbewußte drängt auf etwas!
Kaleidoskop	Bunte Farben lassen das Leben als wunderschönes Bild erscheinen. *Luft-Sehnsuchtstraum.*
Kamele	Öde Landstriche (Wüsten) sollen durchquert werden. Der Ritt ist mühsam, aber sicher, die Seele hat Vertrauen.
Kameramann	Man steht unter steter Beobachtung. Oder alles wird vom Träumenden festgehalten. *Erdtraum.*
Kamin	Der Ort der Wärme, aber auch der Ort der Geborgenheit, (wie *Herd*). Harmonischer *Feuertraum.*
Kampf	Aktiver bis aggressiver *Feuertraum*, oft mit Angst vor dem eigenen Unterliegen.
Kantine	Meist Traum von Gleichgültigkeit, Alltagstrott, der nicht »schmeckt«. Seele fühlt sich unter Menschen einsam.
Kanu	Primitives Indianerboot (wie *Floß*). Mut und Vertrauen, trotz des schweren Weiterkommens in der seelischen Arbeit.
Kanzel	In Vertretung des »Herrn« liest den Träumenden jemand Leviten. Aufforderung der Seele zur Einkehr.
Kapelle	Alleinsein. Sich in der Stille auf eine entscheidende Tat vorbereiten. Beten. Glaubens- oder Missionstraum.
Kapitän	(wie *Führer*) Wunsch nach Autorität und Vorbild beim Eintauchen in die Seelenlandschaft. Entweder von anderen geführt, oder man führt selbst.
Kapuze	Gefahr durch Betrug, hier auch vor religiöser (Mönch) oder anderer Irreführung. Täuschung durch Verkleidung. Wer trägt die Kapuze?
Karate	Härtere Art der Selbstverteidigung (wie *Judo*). Aber auch verdeckter Wunsch, andere zu Boden zu strecken.
Karikatur	Frage an das Innere: Wie sieht man dich, wie gibst du dich (wie *Fasching, Kabarett*).
Kartenleger	(wie *Handleser*) Hoffnung auf Wunder durch andere.
Kaserne	Ort der Disziplin. Schule für das Leben. Wunsch der Seele oder Angst davor?
Kasse	Voll oder leer? Wenn Gewinne, dann innerlich, wenn Verluste, dann in der Seele. *Erdtraum.*
Kater/Katze	Oft erotischer Wunschtraum, so zu sein, oder einem Kater/einer Katze zu begegnen. Aber auch Bild »Kater haben« für Frust nach Lust.

Kauen	Die Seele knabbert an einem Problem, das offenbar nicht so schnell »runterrutscht«. Welches? *Erdtraum.*
Kaufen	Die Träumenden wollen sich das Leben schön machen, es fehlt ihnen aber etwas, was sie unbedingt haben wollen. Was kauft man ein? Waffen, Schmuck oder einen warmen Mantel?
Kern	Wichtiger Traum, da es um das Wesentliche geht, um den Kern. Findet man ihn voller Freude, oder beißt man sich an ihm die Zähne aus? Was bewegt uns aus dem seelischen Urgrund?
Kerze	*Feuertraum.* Sexsymbol. Brennt die Kerze ab, treten oft Ängste auf wie bei Impotenzträumen.
Kessel	Der Alchimistentraum. In einen Kessel werden viele Materialien getan. Meist Unruhe der Seele, wenn er brodelt (Flüssigkeit). *Wasser-* oder *Lufttraum.*
Kilometerstein	Entscheidender Ausgangs- oder Ankunftspunkt. Wird der Stein überschritten – egal in welcher Richtung -, ist eine wichtige Entscheidung gefallen (wie *Grenze*).
Kind	Ist man es selbst: Seele will zurück ins Nest, ohne Verantwortung. Häufig Ängste vor der drohenden »Erwachsenenwelt« (auch wenn man erwachsen ist). Man sieht sich klein.
Kino	Kann oft etwas widerspiegeln, was das Unbewußte beeindruckte. Fotos oder das abendliche Fernsehen. Aber auch Mahnung der Seele, das Leben nicht »als Kino« – mit Distanz – vorbeigehen zu lassen.
Kirche	Entweder Ablehnung oder Bejahung der geistigen, religiösen Autorität. Nähere Deutung ist notwendig.
Kirchturm	Der Zeigefinger Gottes. *Sehnsuchts-Lufttraum.* Auch Symbol für die geistige Zielbestimmung.
Kissen	Symbol der Gemütlichkeit. Auf Kissen liegt es sich gut. Seele möchte vergessen, ausruhen.
Kiste	Frage, ob die Kiste offen oder geschlossen ist. Geschlossene Kisten enthalten ein Geheimnis (wie *Tasche, Dose*).
Klarinette	Eine erotische Musik lockt – vor allem die Männer –, aber auch die Frau hat Sehnsucht nach dem männlichen Sexualsymbol.
Klavier	Hier spielt die weibliche Sexualkraft eine wichtige Rolle. *Erotischer Wunschtraum.*
Klebstoff	Etwas soll zusammengehalten werden, was nicht mehr zusammengehört. Die Bindung ist zerbrochen. Oft trauriges Bild der Seele.
Kleidung	Wie wollen wir aussehen? Was haben wir über unser Inneres »angezogen«? Festlich, zerrissen, schmutzig, prächtig? Sehnsucht oder Angst, so zu erscheinen.
Klempner	Dringend wird ein Handwerker gebraucht, aber einer, der Reparaturen an der Seele vornehmen kann.

Klettern	Das Wagnis lockt. Der Berg will erstiegen werden. Oft wird dafür ein gefährlicher Weg eingeschlagen. Aktiver Ehrgeiz. Absturzgefahr.
Klippe	Vorsicht. Der plötzliche Fall scheint programmiert.
Kloster	(wie *Kapelle*) Auch Aussprache mit Gleichgesinnten.
Klotz	Die Zeit ist um, da Beleidigungen einfach hingenommen werden. Wunsch nach Gegenwehr.
Knebel	Die/der Träumende ist zum Schweigen verurteilt. Der Schrei nach Hilfe muß nach innen gehen – zu sich selbst.
Knie	Symbol der Demut. In allen Religionen wird gekniet. Wer dies nicht mehr kann, der muß es wieder lernen. Das Knien als Glaubensbekenntnis ist eine menschliche Qualität. Sonst ein Zeichen der Unterordnung, Erniedrigung.
Knochen	Etwas geht an die Substanz. Die Seele fühlt sich ungeschützt (ohne Fleisch) und bloß.
Knopf	Ein Symbol für den Wert der Kleidung. Viele goldene Knöpfe an der Jacke verheißen Ansehen. Seele will glänzen.
Knospe	Der Neuanfang. Oft Aufblühen einer Liebe.
Knoten	Etwas ist schwer aufzulösen, es ist mühsam für die Seele. Anstrengung, Arbeit. Wenn man einen Knoten löst, ist das eine Verheißung, das Problem zu lösen.
Kobold	Etwas narrt uns – oder wollen wir jemandem eins auswischen?
Kobra	Die Schlange, die den Pharaonen Schutz anbot, wenn sie nur verehrt wurde. Sinnbild des Instinktes. Aber sie hat Gift.
Koch	Gemeint ist der große Koch, der die Zutaten zum Leben für uns vorbereitet. Die Seele erwartet also eine »Speise«. Wenn wir selbst kochen: positiver *Aktivtraum*.
Kohle	Das schwarze Gold, welches uns anzeigt, daß in der Tiefe der Erde verborgene Werte zu finden sind.
Komödiant	(wie *Gaukler*, *Fasching*, *Akrobat*).
Kompaß	Symbol für die Suche nach der richtigen Orientierung. Oft wissen die Träumenden nicht, aus welcher Richtung die Sonne – also ihr Ich – scheint.
Komplize	Eine Verschwörung oder eine unrechte Absicht. Meist ist der Komplize das eigene schlechte Gewissen.
Konferenz	Die große Beratung. Verwirrendes dringt auf uns ein. *Erdtraum*.
Konfetti	Freudenssymbol (wie *Applaus*).
Konzert	Veranstaltung, in der die Träumenden Ruhe von ihrem Alltag finden. Freundlicher und positiver *Kommunikationstraum*.
Kopf	Das Geschenk Gottes, als er den Menschen den Verstand gab. Fragt die Seele den Verstand um Rat, oder erstickt der Verstand die Impulse der Seele? Nachprüfen!

Korb	Wenn ein voller Korb überreicht wird, ist dies eine Geste der Liebe, wenn aber jemand einen leeren Korb bekommt, muß die Seele darben. Warum? *Erdtraum.*
Korsett	Etwas Ausuferndes muß zusammengehalten werden. Notwendigkeit der Beschränkung. Maßhalten!
Kosmetika	Die Aussichten, sich äußerlich zu verschönen, sind vorhanden, was aber für die inneren Werte nicht gilt.
Kot	Oft optimistischer *Erdtraum.* Seele befreit sich von Ballast. Freigebigkeit, Großzügigkeit.
Krähe	Ein altes archetypisches Symbol des Unheils. Schwierigkeiten meistern. Seele fühlt sich bedroht.
Krake	Das Ursymbol der nicht so guten Seiten einer Mutter, die alles festhält. Abnabelungstraum. Auch Wunsch nach Unabhängigkeit.
Kranksein	Ein Traum, der zeigt, daß etwas mit einem nicht stimmt, womit meist keine körperliche Krankheit gemeint ist. In der Seele ist etwas verletzt. Was kränkt, das macht krank.
Krater	Ein Vulkan ist aufgebrochen, der Krater verschlingt alles. *Feuertraum.* Auch sexuelle Deutung.
Kräuter	Man ersehnt sich Heilung, Labsal. Seele findet Linderung.
Krebs	Warnt meist nicht vor einer Krebskrankheit, sondern erinnert an das mütterliche Symbol des gleichnamigen Tierkreisabschnittes. Oft Bild für Zögern und Ängstlichkeit: ein Schritt vor, zwei zurück.
Kreide	Es wird einem »etwas angekreidet«, für das man völlig unschuldig ist. Erinnerung an Sünden der Kindheit.
Kreis	Eingebettetsein der Seele in den Kosmos, was an die große Gemeinschaft zwischen Himmel und Erde erinnert.
Kreuz	Einst Symbol für die vier Himmelsrichtungen, heute Symbol für die Lasten und Leiden Christi. Jeder trägt sein Kreuz, aber keines ist schwerer, als der Betreffende es tragen kann.
Krieg	Wie *Kampf,* nur noch bedrohender.

Kristall	Der Schmuck, der Klarheit und Reinheit symbolisiert. *Sehnsuchtstraum.*
Krokodil	Das vergöttlichte Ungeheuer des Nils, das seinen eigenen Gott und Tempel bekam. Angst der Seele, daß uns jemand oder etwas aus dem Hinterhalt verschlingt.
Krone	Man krönt sich selbst oder wird gekrönt. Eigene Belobigung der Seele, wenn man froh aufwacht.
Krücke	Es geht nicht ohne Hilfe oder Beistand (wie *Hinken*).
Krug	Fülle der Seele (Flüssigkeit), oder ist der Krug leer? Nicht mehr aufnehmen, als man verarbeiten kann.
Küche	*Erdtraum.* Wärme, Nahrung für die Seele. Hort der Liebe, der Familie. Unordentliche Küche: Man ist selbst der Störenfried.
Kuchen	Ein selbstgebackener Kuchen, der süß schmeckt, muß in der Gemeinschaft gegessen werden. Froher *Erdtraum.*
Kuckuck	Schulden müssen schnellstens bezahlt werden, sonst wird gepfändet. Selten der lebende Vogel.
Kuh	Mütterlichkeit, Beschützt-Sein, eventuell Sehnsucht nach dem Zustand der Kindheit. Aber auch Symbol für die seelische Nahrung, die vielleicht durch mütterliche Einflüsse verletzt wurde.
Kühlschrank	Etwas wird vor dem Verderben bewahrt. Oder Eingefrorensein der Seele?
Kulissen	(wie *Bühne*) Das Unbewußte fühlt sich fremd in einer Scheinwelt.
Kündigung	Ich kündige mir selbst. Eine Eigenschaft, die mich fast ins Verderben schickt, muß verschwinden, oder man bestraft mich.
Küste	Nach eventueller Irrfahrt der Seele (Wasser) ist Land in Sicht. Rüsten für einen Neuanfang. Hoffnungsvoller *Wassertraum.*

L

Laboratorium	Kreativer Arbeitsraum, Veränderung. Ähnlich *Alchimie.*
Labyrinth	Die Suche nach dem richtigen Weg, nachdem die Träumenden sich verlaufen haben. Der Ausweg ist nur mit systematischer Arbeit zu finden. Kreativer *Erdtraum.*
Lachen	Ist es ein Hohnlachen auf ein Versagen? Fröhliches Lachen im Traum wäre positive Bestätigung, ist aber selten.
Laden	Ist er leer, gibt es kein Einkaufen. Seele sucht etwas (ähnlich wie *Kaufen*).
Lager	Inspektion der inneren Vorräte. Seele sollte vielleicht alte Lagerbestände hervorholen.
Lagerfeuer	Fast vergessene Jugendromantik. *Feuertraum.* Sind Ideale erloschen?

Lähmung	Innere Eigenfesselung. Sich fragen, was hindert mich in mir voran-zuschreiten? Oft *Angsttraum*.
Lamm	Das christliche Opfertier. Eventuell Bild für eigenen Einsatz, stilles Opfer, das man bringen sollte.
Lampe	Als Symbol wichtig für inneres Licht. Wird etwas in uns erhellt oder verdunkelt? Könnte eine Erkenntnis verheißen.
Landkarte	Neuorientierung in alter oder neuer Umgebung. Innere Suche nach einem Überblick.
Lärm	Oft verwirrend für die Seele, er lenkt ab. Wovon? Wenn der Lärm durch Kinder hervorgerufen wird, dann kann er zukunftsweisend sein.
Laterne	Symbol für Erhellung des Weges, den die Seele gehen sollte. Licht in der Dämmerung. (Ähnlich wie *Lampe*).
Laub	Welkes Laub zeigt ein Absterben, aber frisches Grün die Auferste-hung der Seele.
Laube	Das Innere sucht Schutz und Geborgenheit. Meist freundlicher *Erdtraum*.
Laufen	Auf der Stelle laufen oder nicht vorwärtskommen: sehr häufig das vergebliche und verzweifelte Bemühen des Unbewußten, aus einer schwierigen Situation herauszukommen.
Lawine	Gefahr droht, die mich unter sich begraben kann. Große Bela-stung. Habe ich mich zu hoch hinauf gewagt, bin ich genügend ab-gesichert? Wird man meine Not erkennen?
Leck	Ein angeschlagenes Boot (Seele), das in Seenot gerät.
Leder	Mit die älteste Wunschkleidung der Menschen. Oft ein starkes ero-tisches Signal.
Lehm	Gefahr des Steckenbleibens auf seinem Weg. Man ist beim Vor-wärtskommen behindert. Arbeit, Pflichten oder Bindungen? *Erd-traum*.
Lehnstuhl	Symbol für Behäbigkeit. Ist die Seele träge geworden, ruht man sich zu früh aus?
Lehrer	*Autoritätstraum*. Ängste, Bestrafung, Nörgelei. Oder soll ich etwas lehren und weitergeben?
Leihhaus	Die Frage, ob etwas hingebracht oder etwas ausgelöst wird. Sind wir leichtfertig mit unseren inneren Werten umgegangen?
Lektion	Was habe ich versäumt zu lernen, muß ich nachsitzen?
Lenkrad	Führungswunsch, Verantwortung tragen oder überfordert sein. *Autoritätstraum*.
Leuchtfeuer	Verlockung, aber eher Warnung. *Feuertraum*.
Lieder hören	Welche Lieder? Woran erinnern die Worte? Kindheit, Wandern, Heimat, Kampfparolen? *Kommunikationstraum*, der meist in einer Gemeinschaft gesungen wird.

Lieferwagen	Entrümpelungssymbol. Viel altes Zeug wird abgefahren, neues gebracht. Meist aufmunternder *Erd- oder Lufttraum*.
Lift	Wichtig, ob die Fahrt nach oben oder nach unten geht: Höhenflug, Pläne der Seele (*Lufttraum*), oder Erkunden des Kellers, der eigenen Tiefe (*Erd-Seelentraum*).
Lilien	Auch wenn sie als Grabschmuck dienen: sie können erotische Signale setzen. Auch ein Symbol der Auferstehung, des Wieder-Kraftgewinnens der Seele.
Lineal	Eine gerade gezogene Linie soll die innere Welt einteilen und begrenzen, um klare Verhältnisse zu schaffen.
Lizenz	Ausdruck des Vertrauens, wenn eine Lizenz vergeben, unbewußte Gefahr, wenn sie entzogen wird.
Lippen	Meist Wunsch nach Liebe und lieben Worten.
Löffel	Werkzeug zur Nahrungsaufnahme. Die Seele ist also hungrig, neue Eindrücke aufzunehmen.
Löwe	Selbstvertrauen oder Selbstüberschätzung der Seele. Wird man von Löwen verfolgt: sehr oft sexuelle Bedrängnis.
Lokomotive	Führung, Aufbruch, Selbstvertrauen. Die Träumenden stehen wieder unter Dampf. *Erd-Feuertraum*.

Lorbeer	Ehrungssymbol. Wenn man ihn selbst trägt, spendet die Seele Lob.
Lupe	Offenbar will man etwas deutlicher erkennen. Hinweis auf eine »Sehschwäche« der Seele möglich.

M

Magen	Etwas kann nicht verdaut werden. Kränkung, Ärger der Seele, oft Tagreste. Ehrgeiz, der nicht befriedigt wurde.
Magersucht	*Wunsch-* oder *Alptraum* von Frauen. Kann Warnung der Seele sein, daß man an Gewicht (Substanz) verliert und kaum mehr zu sehen ist.
Magie	Sehnsucht der Seele, verzaubern zu können. *Lufttraum.* Aber auch wenig Zutrauen zur eigenen Bewältigung von Problemen.
Make-up	Wunsch der Seele, schöner zu sein, als sie ist. Aber auch etwas Häßliches in sich kaschieren oder verbergen wollen.
Malen	Künstlerische Ausdruckssehnsucht. Die Welt mit eigenen Augen sehen. Kreativität. Geistiger *Lufttraum.*
Manager	*Autoritäts-Wunschtraum* symbolisiert die versteckte, unsichtbare Macht.
Mannequin	*Wunschtraum* der Männer, bei Frauen wie *Make-up.*
Mansarde	Die Seele hat sich etwas versteckt, kann sich aber auch hoch oben isoliert fühlen.
Mantel	Ein Kleidungsstück, das verdecken soll. Oder Sehnsucht der Seele nach Schutz und Wärme.
Massage	Der Wunsch, verwöhnt und durchgeknetet zu werden. Oft *erotischer Traum.*
Matratze	Liegt meine Seele gut, oder wird sie hart gedrückt und kann nicht schlafen? *Erdtraum* über das innere Wohlgefühl.
Mauer	Eine Blockade und ein Halt. Man kann innerlich nicht weiter. Wie wache ich auf? Vergnügt oder traurig? *Erdtraum.*
Maulwurf	Symbol für unterirdische Eindringlinge. Wird das Unterbewußte von irgend etwas unterwandert?
Mausefalle	*Warntraum.* Will ich jemand fangen, oder will sich jemand meiner innerlich bemächtigen?
Medium	Bin ich es selbst, oder suche ich ein Medium? (Wie *Magie.*)
Medizin	Meist ein Signal, daß die Seele etwas Bitteres schlucken muß. Macht mich das krank?
Meer	Die große, unendliche Heimat der Seele. Bewegt – stürmisch – ruhig? *Wassertraum.*
Menagerie	Die seelischen Instinkte können nun deutlicher erkennbar werden, da sie im »Käfig« sind. Meist positiver *Aufbruchstraum.* Oder Spiegelung gedrosselter animalischer Triebe.
Messer	Ein Sexualsymbol für Frauen und Männer. Die Peniswünsche sind überdeutlich.
Meuterei	Ein Traumsymbol, das sehr ernst zu nehmen ist. Seelenkräfte meu-

	tern. Sie lehnen sich auf. Die Seele hat gemerkt, daß das Leben in falsche Bahnen gelenkt wird.
Miete	Meist soll sie eingetrieben werden, oder man kann sie nicht bezahlen. Oft Tagreste. Existenzsorgen der Seele. *Erdtraum.*
Mikrophon	Heftiger Wunsch nach Mitteilung und Kontakt. Es gibt etwas zu verkünden. *Kommunikationstraum.*
Millionär	Einer der ältesten *Wunschträume*, nie reales Geld! Seele möchte aus dem Vollen schöpfen, aber dadurch auch beneideter Mittelpunkt sein.
Mine	Die Träumenden begeben sich in ein gefährliches Neuland. Es lauern recht gefährliche, versteckte Gefahren. *Warntraum.*
Mißbildung	Was hat unsere Seele so verunstaltet?
Missionar	Ein Traum, der glücklich macht. Das Innere möchte sich über den Alltag erheben. Die Träumenden haben den Grundidealismus noch nicht über Bord geworfen.
Misthaufen	Der eigene Stall will ausgemistet werden. Reinigung. Positiver *Erdtraum.*
Mönch	Symbol für Besinnung und Insichgehen. Auch Wunsch oder Angst der Seele vor Vereinsamung und Enthaltsamkeit. Oft religiöser *Lufttraum.*
Mond	Seelisch orientiertes Symbol, das uns inneres Licht verheißt. Seine Phasenbilder – zunehmend oder abnehmend – können auf die Launen des Gemüts hinweisen. *Wassertraum*, der meist eine tiefe Bedeutung hat.
Mondfinsternis	Wenn der Mond uns sein Licht entzieht, dann sagt dies, daß die Betroffenen es scheinbar nicht wert sind, ihre Seele kennenzulernen.
Monster	Das Ungeheuer, die Bestie, die in uns wohnt. *Alptraum* der Seele vor eigenen Kräften.
Moor	*Angsttraum* der Seele, vom Weg abzukommen und zu versinken.
Moos	Heute meist ein Symbol für das Materielle, also Geld.
Mord	Irgend etwas in uns ist voller Aggression und Wut und befreit sich oft im Traum durch einen Mord. Was will ich in mir von jemandem »umbringen«?
Morsen	Kontakt, Kommunikation.
Mosaik	Aus kleinen Details ist das große Bild zusammenzusetzen. Mühsame Arbeit der Seele ist nötig.
Motorrad	Symbol des Auf-, aber auch des Ausbruchs. Das individuelle Fahrzeug weist auf Alleingänge hin. *Feuer-Erdtraum.*
Motten	Schädigen unser Äußeres (Kleidung). Hinweis darauf, daß unserem Image Unangenehmes, Zersetzendes droht. Was fürchtet die Seele: Üble Nachrede, Verluste an Vertrauen?
Müllkippe	Es scheint sich Verdorbenes angesammelt zu haben, Müll. Das In-

nere möchte sich dessen entledigen. Es wird Zeit, bei sich auszumisten.

Mund Meist sexuelles Symbol. Aber auch eine innere Stimme, die wir nicht hören wollen, aber hören sollten. Was will sie uns sagen?

Münze (Wie *Geld*). Überdenken, wo man (nicht materielle) Schulden hat.

Murmeln Kinderspielzeug, also Erinnerung an die Kindheit, aber auch ein Hinweis darauf, die akrobatische Kunst des Jonglierens zu üben (wie *Jongleur*).

Muschel Weibliches Sexualsymbol. Erotische Männerwünsche.

Museum Der Ort, wo alte Kostbarkeiten aufbewahrt werden. Von welchen Gegenständen träumt man? An was wird das Unbewußte dabei erinnert?

Musik Ausdruck verdeckter innerer Gefühle. Meist harmonisch.

Muster Viele Einfälle gehen den Träumenden durch den Kopf. Die Seele soll sich unbedingt an einen davon erinnern!

Mutter Bei Tod der Mutter: *Tag-Reste-Traum*, wenn eine Krankheit Sorge macht. Dies aber selten. Fast immer Problem der Abnabelung (auch wenn die Mutter tot ist). Noch häufiger ein Zeichen der Seele, daß sich etwas in uns im Verhältnis zur Mutter geändert hat: etwas ist »gestorben« – das muß nicht die Liebe sein!

N

Nabel Hinweis darauf, daß das eigene Handeln zu mittelpunktsbetont sein könnte, oder zu stark mütterlich beeinflußt.

Nachbar Oft Bild der Seele, daß jemand in unserer Umgebung unsere Aufmerksamkeit verlangt. Wacht man froh oder bedrückt auf?

Nachruf Man macht sich Sorgen, wie man von anderen beurteilt wird. Oder hat man selbst über andere den Stab gebrochen?

Nacht Augen der Seele wollen etwas erkennen, was sie nicht sehen. *Sehnsuchtstraum*, auch *Wassertraum*.

Nacktheit Ein gutes Symbol, wenn die Fähigkeit vorhanden ist, sich ohne »Verkleidung« zu zeigen. Oft sehen das die anderen gar nicht. Kann aber auch Scham und seelische Entblößung bedeuten.

Nagel Das Unbewußte will etwas festigen, »annageln«. Oder fürchtet sich davor.

Nagetiere Warnung oder Angst vor inneren Verlusten. Meist Bildsymbol Mäuse oder Ratten.

Name Der eigene Name will eine Selbstbestätigung signalisieren. Andere Namen auf ihren Sinngehalt prüfen! Name »Schreiber« erinnert, daß noch Schreibarbeiten ausgeführt werden müssen.

Narkose	Manchmal *Angsttraum*, Tiefschlaf wie *Lähmung*.
Narr	Wer ist der Narr? Meist die/der Träumende selbst. Leicht kann man sich zum Narren machen. Die Seele kann sich bloßgestellt fühlen. Sind die anderen die Narren, könnte das eine innere Mißachtung der anderen bedeuten.
Naschen	Neugier der Seele, Übermut, *Lufttraum*. Verbotenes reizt.
Nase	Männliches Sexualsymbol, besonders für weibliche Träumende interessant. Sonst oft Symbol für Spürnase. Seele mit Witterungsinstinkt.
Nebel	Hinweis darauf, daß Aktionen abgebrochen werden sollten, bis die innere Sicht wieder frei ist.

Nebenbuhler	Jemand könnte uns im Wege stehen, muß nicht erotisch gemeint sein.
Negligé	Erotischer *Wunschtraum*.
Nelken	Man schenkt oder bekommt sie. *Kommunikationstraum*.
Nerz(-mantel)	Im Traum schlüpft die Seele in die Haut eines Tieres. Oft animalische Wünsche.
Nesseln	Ist die Seele unvorsichtig und hat Angst, gestochen oder gebrannt zu werden? Auch Eigenbestrafung.
Nest	Bildsymbol für geborgenen Hausstand, Zweisamkeit oder Familie. Das Unbewußte kann am Nest bauen oder muß es verlassen. *Sehnsuchtstraum/Erdtraum*.

Netz	Das Netz des Lebens, in dem man selbst gefangen ist. Die Träumenden erkennen ihre eigene Unfreiheit. Netze, die man über andere wirft, verraten manchmal seelische Machtwünsche. *Erdtraum.*
Neun	In der Magie und Mythologie die unheimliche Zahl. Doppelsinn beachten: In der Zahl »neun« liegt das Wort »neu«. Also möglicher Ab- und Aufbruch.
Niederschlagen	Aggression, Wut. Achtung! Wen will unser Unbewußtes vernichten? Oder ist man selbst bedroht? *Feuer/Erdtraum.*
Niere	Das Säuberungsorgan des Körpers, meist ist aber eine Reinigung der Seele gemeint.
Nixe	Verführerischer *Sexualtraum,* kann aber auch der Wunsch sein, in »seelischen Gewässern« verzaubert zu werden.
Nonne	Manchmal männlicher *Sexualtraum,* sonst wie *Mönch.*
Notarzt	*Warntraum.* Oft mit Sirenengeheul, Krankentransport. Für irgend etwas in der Seele tut höchste Eile und Hilfe not.
Notizbuch	Ein äußerst wichtiges Traumsymbol. Im Notizbuch steht das Geheimste, ja das Persönlichste. Ist einem das Notizbuch abhandengekommen oder gar gestohlen worden, dann fühlt die Seele einen Verrat. Können die Träumenden jedoch das Notizbuch gut lesen, dann finden sie auch Rettung durch Worte oder Bildsymbole.
Nudeln	Ein meist schmackhaftes Symbol für das Gutergehen, Seele scheint satt zu sein.
Null	Meist Symbol für ein Versagen, eine Minderwertigkeit.
Nüsse	Hinweis der Seele, daß man sich an etwas die Zähne ausbeißen könnte. Eher Alltagsschwierigkeiten. *Erdtraum.*
Nußknacker	Dieses Signal besagt: Allein wirst du es nicht schaffen, such dir kompetente Hilfe für deine Probleme.

O

Oase	Ein Symbol, das aufbauenden Charakter hat. Rettung, Hilfe nach längerer innerer Durststrecke.
Obdach	Wohnungslosigkeit beängstigt die Seele. Wenn dieses Bild in vielen Träumen nacheinander auftaucht, ist dies als Mahnung zu verstehen, dem unsteten suchenden Unbewußten ein festes Ziel zu geben.
Obelisk	Ägyptisches Symbol, das geschaffen wurde, um den Göttern zu zeigen, daß die Menschen sie respektieren. Mahnung, einem Gebot, einer Aufgabe zu dienen.
Obst	Früchte sind meist bejahende *Erdträume,* häufig Sexsymbole.
Ochse	Ein Ochse ist nicht mehr zeugungsfähig, was allen Männern Angst

einjagen kann. Häufiger aber Bild für rohe Kraft und primitive Dummheit. Seele muß sich fragen, wer gemeint sein könnte!

Ofen	Wärme, Hitze, Geborgenheit, meist freundlicher *Erdtraum*.
Offizier	Autorität, Führungsanspruch, auch Eitelkeit. Negativ erteilt die Seele Befehle oder wird kommandiert.
Ohnmacht	Signal für eigene Tatenlosigkeit und Passivität. Nichts mehr sehen wollen! Wenn andere in Ohnmacht fallen, hat die Seele wohl vergeblich auf Verständnis gehofft.
Oper	Wie *Bühne*. Mit Gesang will man sich besonders laut und noch dazu verkleidet präsentieren.
Operation	Im Inneren muß etwas »repariert« werden.
Optiker	Die klare Sicht ist verloren gegangen, ein Helfer muß einen Ausweg finden, er sollte ein Fachmann für die Seele sein.
Orange	Liebesfrüchte. Meist Freude oder Wunsch nach sexuellem Genuß.
Orchester	Ein Orchester will dirigiert werden. Der Anspruch der Träumenden ist folglich recht hoch, wobei vor allem Mißtöne vermieden werden müssen. *Kommunikationstraum* mit Führungswunsch.
Orden	Auszeichnungen verdecken oft innere Werte. Sucht zu glänzen oder neidvolle Bewunderung der Erfolgreichen? *Erdwunschtraum*.
Orgel	Dieses Symbol weist oft auf starke innere emotionale Bewegung hin, religiöser oder idealler Art. *Sehnsuchts-Lufttraum*.
Orgie	Der Wunsch sehr junger und sehr alter Menschen. »Noch einmal« heißt es bei den Älteren, »nun endlich« bei den Jüngeren. Unausgegorener *Sexualtraum*. *Feuer-Ausbruchstraum*.
Ostern	Das Fest der Auferstehung. Ein Hoffnungssymbol, aber auch ein Fest, an dem ein Opfer gebracht wird. Meist religiöser oder idealler *Lufttraum*, der die Seele erfreut.
Ouvertüre	Der Auftakt. Alles, was kommt, klingt schon an. Hoffnungsvolle Erwartung und Bereitschaft der Seele.

P

Paddel	Instrument, um ohne fremde Hilfe allein vorwärtszukommen, was besonderen Einsatz und Können verlangt. Positiver *Erd-*, auch *Wassertraum*.
Pagen	Erotische Symbole jugendlicher Hingabe. Seele möchte dies erleben bei einem Partner oder bei sich selbst.
Paket/Packung	Wenn etwas verpackt ist, ist nie klar, was sich unter der Verpackung verbirgt. *Erdtraum*, der auf Aufgaben, Pflichten oder Geschenke verweist, die der Seele noch nicht bekannt sind.
Palast	Wer auf Äußerlichkeiten Wert legt, glaubt sich am Ziel seiner

	Wünsche. Oft Übersteigerung, Selbstüberschätzung oder Geltungswunsch des Unbewußten.
Palette	Viele Farben – lebhafter, positiver Seelenreichtum. Schmutzige Farben – eher Trauer über vergangene Ideale.
Palme	Symbol für die ewige Sehnsucht nach dem sonnigen Süden. *Wunschtraum* und sogar meist Illusion.
Panik	Die Seele hat Angst und will einer Gefahr entfliehen. Welcher und warum?
Pantoffel	Wie *Lehnstuhl.*
Papagei	Meist nicht sehr angenehmer Schwätzer und Plapperer. Achtung! Meint die Seele uns selbst?
Papier	Unbeschriebenes Papier deutet darauf hin, daß die Seele im Moment hilflos ist. Ist das Papier beschrieben, muß erkundet werden, was die Seele uns sagen will.
Papst	*Autoritätstraum* der Unfehlbarkeit. Fühlt sich die Seele belobt oder beschuldigt?
Paradies	*Sehnsuchtswunschtraum* von und nach Harmonie.
Parfum	Duft verzaubert die Seele, warnt aber auch vor fremden Verführungen.
Park	Bereitschaft zu pflegen und etwas zum Blühen zu bringen. Liebe zur Natur. Verwilderter Garten: innere Unordnung besiegen. Anfangen, sich selbst zu »begärtnern«, damit das eigene Unkraut den Träumenden nicht überwuchert.

Parkuhr	Symbol dafür, daß die Zeit drängt. Eine Frist läuft ab. Dringender Appell an die Seele, eine rasche Entscheidung zu treffen.
Paß	Die Seele will auf Reisen gehen. Meist sehr positiver *Aufbruchstraum*.
Passage	Die Seele kann offenbar in Ruhe (überdacht) wählen und entscheiden.
Patent	Die Seele hat eine wichtige Entdeckung gemacht, die wert ist, patentiert zu werden.
Patient	Hilfsbedürftigkeit. Jemand soll das kranke Innere heilen.
Pauke	Wer Pauken sieht oder hört, der ist innerlich äußerst aufgewühlt und will, daß man ihn hört! Meist Traum der Einsamkeit.
Peitsche	Gewaltinstrument, um die eigenen Wünsche durchzusetzen oder bestraft zu werden.
Pelz	Das Wärmende des Tieres, danach dürstet die Seele, besonders dann, wenn man sich allein fühlt (aber auch wie *Nerz*).
Pendel	Ein wichtiges Traumsymbol, das signalisieren soll, daß jedes Pendel zurückschlägt. Gerechtigkeitswunsch. *Erd-* oder *Lufttraum*.
Pension	Bei Tag-Resten Berufsschwierigkeiten, also *Angsttraum*. Sonst wie *Lehnstuhl* und *Pantoffel*.
Perle	Uralter Inbegriff von Reichtum. Wie *Brillanten, Jade* etc.
Perücke	Täuschung oder Rettung? Oder Sich-Verbergen? Wie *Bühne, Clown, Maske*.
Pest	Die Geißel des Mittelalters. Übersteigerter Traum von Verderben. Urangst der Seele. Sehr selten.
Pfau	Das eitle schöne Tier ist ein lockendes Sexualsignal. Auch Geltungswunsch der Seele oder Mahnung, bescheidener zu sein.
Pfeil	Ein Sexualsymbol mit eindeutigem Hinweis. Selten als Waffe zu deuten.
Pferd	Oft ein beglückendes Sexualsymbol. Auch Bild von Kraft, Mut und Disziplin. Starker Wunsch der Seele, dies zu besitzen. *Erd-/Feuertraum*.
Pfirsich	Ein erotisches Symbol, das besonders in Männerträumen eine recht wichtige Rolle spielt. Aber Vorsicht: Gefahr vor zu starker Anziehung durch heranwachsende Jugend.
Pflug	Wer einen Pflug besitzt, der vermag seinen Acker gut zu bearbeiten. Arbeit an sich selbst, die der Seele wohl eine positive Ernte und damit Erfolg verspricht.
Phallus	*Erotischer Traum*.
Pianist	Man müßte Klavier spielen können, wobei aber das Instrument ein weiblicher Körper ist (wie *Klavier*).
Picknick	Verspricht heitere Kommunikation. Fröhlicher *Erdtraum*.
Pilot	Der Pilot hat oft eine anziehende erotische Wirkung, wie *Kapitän*,

Führer etc. Oft aber ein Wunsch nach geistigen Höhenflügen. *Lufttraum.*

Pilze   Unbewußter Wunsch, Kraft aus der Tiefe zu erhalten, Pilze als »Fleisch des Waldes«. Oder Angst vor seelischer Vergiftung (Fliegenpilz).

Pirat   Abenteuerliche erotische Wünsche. Erobern und etwas rauben oder geraubt zu werden. Er möchte der Pirat sein, sie sehnt sich nach diesem. Selten auf seelische Beute zu beziehen.

Plan   Wie *Landkarte.* Aber vielleicht schon deutlichere Bilder der Seele.

Planet   Die Hilfe soll vom Himmel kommen. Innerer Blick nach oben. Gläubigkeit. Ideeller *Lufttraum.*

Platin   Ein *Wunschtraum* vom großen Reichtum wie *Brillanten, Gold, Schmuck.*

Platzanweiserin   Erfahrene Hilfe wird gesucht. Seele möchte sich einfügen. Oder sie weist anderen ihre Plätze zu.

Poker   Zwiespältigkeit des Inneren, man will sich nicht öffnen. Vielleicht auch Warnung, nicht zuviel zu riskieren.

Polizei   Einmal als Helfer ein seelischer Beschützer. Zum anderen straft er, weil man wohl etwas Unrechtes tat oder dachte.

Polygamie   Der *Wunschtraum* beider Geschlechter.

Portier   Der Hausbediener, der sich jedoch gerne als Hauspolizist aufspielt. Er öffnet der Seele die Tür oder nicht, wie *Hausmeister.*

Postbote   Wie *Brief, Bote.* Die Seele hat Fühler ausgestreckt und rechnet erwartungsvoll mit Antwort.

Preis   Doppelsinn: Die Seele muß etwas »bezahlen«, hergeben oder bekommt etwas. Oder: Auszeichnung, Lob, Erfolg als *Wunschtraum.*

Priester   Kann religiöser *Wunschtraum* nach ideellem, geistigem Beistand sein. Auch unbewußte Erwartung, daß einem etwas verziehen wird.

Probe   Wunsch der Seele nach Perfektion. Wenn der Träumende aber die Probe versäumt, zu spät kommt oder keine Worte findet: unbewußte Angst, Probleme nicht zu meistern.

Promenade   Wie *Allee:* Kommunikationswunsch.

Prophet   Man erträumt Antwort und Erleuchtung. Religiös-geistiger *Lufttraum.* Warnung, wenn Träumende sich selbst als Propheten sehen.

Prospekt   Aufforderung der Seele für neue Eindrücke (Reiseprospekte) oder neue Wege.

Prozeß   Gerechtigkeits-Traumsymbol, denn es geht immer um Prozesse gegen sich selbst. Die Träumenden sind Kläger, Angeklagte und Richter in einer Person. Seele setzt sich mit einer eventuellen Schuld auseinander.

Prozession   Feierlichkeit kann die Seele erheben und froh stimmen.

Prüfung	Immer wiederkehrende Traumsymbole. Mal Schul-, dann Fahr- oder Berufsprüfung. Seele hat Ängste vor einer Lebenssituation. Selten Prüfungen in der Realität.
Prügel	Erhalten oder austeilen. Sind die Bestrafungen berechtigt? Wenn ja, warum?
Psychiater	Offenbar braucht man einen Seelenführer. Ähnlich: *Handdeuter, Kartenleger.*
Pumpe	Etwas Wertvolles soll aus der eigenen Tiefe hervorgeholt werden. Das erfordert Mühe.
Puppe	Spielzeug. Man ist innerlich ohne Emotion und Leben. Oft trauriger Traum.
Pyjama	Gelegentlich erotische Wünsche. Sonst wie *Kleidung.*

Q

Quadrat	Uraltes Symbol der irdischen Ordnung. Die Seele kennt ihre Möglichkeiten und Grenzen. Meist positiver *Erdtraum.*
Quaken	Das laute, oft unangenehme Geräusch soll die Träumenden auf etwas aufmerksam machen. Was ist das nächste Bild im Traum?
Quelle	Das Unbewußte will sich mit frischen Ideen und neuen Impulsen bemerkbar machen. Schöner *Wassertraum.* Auch Kranke bekommen neue Hoffnung aus der Seele.
Quittung	Abrechnung. Meist ist damit ein seelischer Prozeß abgeschlossen. Ist man bei Aufwachen froh oder bedrückt?
Quiz	Meist Tagreste. Bei erfolgreichem Quiz wie *Gewinne.*

R

Rabe	In der Mythologie der Vogel, der Unheil verkündete. Später das Symbol für einen klugen Berater. Im Traum aber meist wie *Krähe.*
Rad	Das Symbol, welches den Menschen den größten Fortschritt brachte. Steht für innere Motorik und stete Bewegtheit. Vorsicht, wenn uns ein Rad zu überrollen droht: zuviel Aktivität und Übereifer.
Radar	Eher Tagreste entsprechender Berufe. Sonst mit einem Warnsignal gleichzusetzen, das unser Inneres unbarmherzig durchleuchtet!
Rahmen	Der Wunsch, in einem »besonderen Rahmen« geehrt zu werden, oft überhöhte Eitelkeit (wie *Gemälde*).
Raketen	*Feuertraum.* Etwas wird in uns »entzündet«. Bedeutet es Freude oder Gefahr?
Rampenlicht	Im Mittelpunkt stehen wollen. Lob, Glanz. Seele will Erfolg.

Rasieren	Man entfernt etwas unbewußt Störendes. Hoffentlich verletzt man sich dabei nicht!
Rate	Die Seele zeigt eine gewisse Vorsicht, ein Maßhalten. Sonst wie *Geld*.
Raub	Entweder spontane innere Bereicherung, oder die Seele versucht, sich vor Inbesitznahme zu schützen.
Rauch	Wie *Nebel*. Doch Achtung: Wo Rauch ist, brennt ein Feuer, auch wenn der Rauch dies verbirgt.
Rauchen	Symbol für Selbstschädigung, Abhängigkeit. Ist die Gefahr vorhanden? Es geht um eine Sucht (das muß nicht das Rauchen sein), aber die Gründe für die Gefährdung sollten aufgedeckt werden.
Rebellion	Aufruhr. Gegenwärtige Ereignisse haben die Seele in eine revolutionäre Stimmung versetzt. Auch Vorboten für eine Nabelablösung.
Reben	Wie *Früchte*. Guter *Erdtraum* von Fülle und Genuß.

Rechnungen	Wie *Geld, Kuckuck*. Oft Sorgen der Tagesreste. *Erdtraum*. Ist man jemandem innerlich etwas schuldig?
Rede	*Alpträume*. Immer Angst, sich bloßzustellen. Etwas von sich zu verraten. Kann als Aufforderung zur Zivilcourage gemeint sein.
Regen	Meist befruchtender *Seelentraum*. Etwas in uns soll wachsen. Wenn wir im Traum sehr naß werden: Offenbar will das Unbewußte uns dafür wachrütteln.
Rehe	Sie sind schnell, scheu und leise. Das Innere mahnt, bei eher stillen Einfällen aufmerksam zu sein und sie nicht zu verjagen.
Reifeprüfung	Wie *Prüfungen*. Auseinandersetzung mit neuer Lebenssituation.

Reis	Fülle und Nahrung für alle. Es ist in uns genug vorhanden, um Menschen zu sättigen. Schöner *Erdtraum.*
Reisen	Die aufgeschlossene Seele ist stets unterwegs. Von einer Erfahrung zur anderen, von einem Eindruck zum anderen. Meist *Sehnsuchts-,* auch *Illusionstraum.* Wunsch nach innerer Bereicherung. Öfters jedoch Fluchtgedanken!
Reiten	Wie *Pferd, Jockey.* Meist ein *sexuell ausgerichteter Traum.*
Rennen	Sehr häufiger Traum. Vor etwas fliehen, gejagt werden: wie *Laufen.* Oft will die Seele einfach vor den Problemen wegrennen.
Restaurant	Oft Illusions-Wunsch von schönerer Welt ohne Sorgen. Das Innere will bedient und verwöhnt werden – vielleicht, weil es daheim finster aussieht.
Retten	Werden die Träumenden gerettet, oder retten sie selbst? Ersteres weist auf Hilferufe des Inneren hin. Letzteres zeigt Verantwortung der Seele für jemanden (etwas).
Rezept	Das Lebenspatentrezept gibt es leider nicht. Wird aber vom Inneren benötigt. Man erwartet Hilfe! Von wem bekommen wir das Rezept?
Richter	*Autoritätstraum* wie *Gericht.* Ist man selbst der Richter, rechnet die Seele mit etwas oder jemandem ab?
Riegel	Die totale Abschirmung. Wunsch nach innerer Sicherheit. Ruhe.
Riesen	Ängste, wenn wir selbst klein sind. Seele übersteigert Situationen. Oder Übermut und Selbstvertrauen, wenn wir uns als Riesen sehen.
Ring	Etwas wird umschlossen und damit festgehalten. Oder fühlen wir uns gefesselt?
Rituale	Kann religiöse oder zerstörende Bedeutung haben. *Lufttraum.*
Rodeln	Meist in einer schönen Schneelandschaft. Aktiver froher *Erdtraum.*
Rohrstock	Seltenes, weil veraltetes Traumbild von Bestrafung. Angst vor Gewalt.
Rolltreppe	Ehrgeiz, um schneller als andere nach oben zu kommen. Seele kann sich auch getrieben fühlen.
Romane	Märchen aus einer fernen Welt. Sagen sie, wie es bei mir weitergeht? Suchen nach Lösungen und Hinweisen.
Rosen	Die Königinnen der Blumen. Sehnsucht nach Erfüllung, Harmonie, aber es muß beachtet werden, daß es Rosen ohne Dornen nicht gibt. *Erdtraum.*
Rost	An Geräten oder Leitungen warnt vor Vernachlässigung. Kümmern wir uns zu wenig um innere Bedürfnisse?
Rot	Die Farbe der Liebe und der Leidenschaft. *Feuertraum.*
Roulette	Wie *Gewinne, Quiz,* etc.

Rückgrat	Es hält uns aufrecht. Mahnung: Hat die Seele ihren Halt verloren? Kann sie den Rücken »nicht mehr gerade halten«?
Ruine	*Warntraum* vor eventuellem Verfall der eigenen Seelenwerte. Man tut offenbar nichts dagegen. Ruinen um sich herum: Abrechnung mit der näheren Umwelt. Trauriger *Erdtraum*.
Rummelplatz	Meist *Kommunikationstraum*. Das Unbewußte möchte etwas erleben. Abenteuerlustiger *Lufttraum*.
Runzeln	Kann ein Erschrecken vor sich selbst sein. Ähnlich wie *Ruine*.
Rutschen	Sie führen immer nach unten. Was geht innerlich mit uns bergab? Die Gefahr besteht, daß das Abgleiten noch Freude bereitet.

S

Saal	Seele muß sich mit größeren Aufgaben befassen. Ein eingerichteter Saal bedeutet: Man übernimmt etwas, was man fortsetzen muß. Ein leerer Saal verlangt nach neuen Ideen und neuen Impulsen.
Saat	Positiver *Erdtraum*. Etwas in uns will und wird wachsen. Aber eine Saat geht nur bei guter Pflege auf.
Sabotage	Es droht eine Gefahr, die man vielleicht selbst hervorgerufen hat. Unbestimmte Ängste vor inneren Anfeindungen.
Sack	Ein schwerer Sack, den man schleppt: wie *Gepäck, Buckel, Last*.
Safe	Seele möchte Wertvolles in sich schützen. Was will ich vor aller Welt verbergen?
Sahne	Eine süße Nahrung wie Milch. Meist erfreuender *Erdtraum*. Auch Symbol für Zärtlichkeit, Verwöhntwerden, Mütterlichkeit.
Saiten	Die Saiten eines Musikinstrumentes müssen gestimmt werden; Die innere Harmonie ist gestört. *Lufttraum*.
Salbe	Die Wunde, die damit behandelt werden soll, ist in unserem Inneren. Symbol für Linderung, Hoffnung auf Heilung.
Salon	*Kommunikationstraum* für eher geistigen Austausch. *Lufttraum*.
Salz	Schärfe und Würze. Recht aktive Forderung des Unbewußten, dem Einerlei des Lebens wieder Impulse zu geben.
Samt	Der wertvolle und kuschelige Stoff zeigt eine Sehnsucht nach Wärme auf, verbunden mit dem Hang zum Luxus.
Sand	Behindert manchmal das Vorwärtskommen. Die gleichförmig leblose Einöde kann die Seele bedrücken. Sieht man sich so in der momentanen Lebenslage? *Erdtraum*.
Sarg	Ein Symbol des Sterbevorganges, hat aber nichts mit dem natürlichen Tod zu tun. Etwas im seelischen Bereich wird begraben. Eine Entwicklung ist zu Ende, damit sich neue Möglichkeiten erschließen. Der Traum ist meist viel positiver als angenommen.

Satan	Eher geistiger oder religiöser *Lufttraum*, der sich mit Übernatürlichem beschäftigt.
Sau	Doppeldeutig; Einmal sexuelle Schuldgefühle oder Wünsche. Zum anderen »Schwein haben«, drastischer positiver *Erdtraum*. Selten das lebende Tier.
Sauerstoff	Das Lebenselixier. Wenn es mir zugeführt wird: Impulse und neue Energien für die Seele.
Schach	Wie *Poker*. Auch wenn man gar nicht Schach spielen kann, weiß die Seele, ob man einen guten oder schlechten Zug getan hat.
Schädel	Totenschädel wirkt im Traum meist beängstigend. Mahntraum: Wer ist es, den wir offenbar innerlich »begraben« haben und an den wir uns erinnern sollen?
Schaf	Selten als lebendes Tier zu deuten. Bei uns Sinnbild für Geduld und Dummheit. Sind wir selbst damit gemeint?
Schäfer	Ein Symbol für hintergründige Weisheit und Naturverbundenheit. Wenn ein Schäfer im Traum als Ratgeber auftritt, ist dies ein sehr hoffnungsvolles Zeichen. Guter *Erdtraum*.
Schakal	Angst- und Alpsymbol. Aber der Schakal sitzt in einem selbst. Verdorbenes soll beseitigt werden!
Scham	Etwas in unserem Inneren liegt bloß, man empfindet darüber Scham und würde es gerne verbergen. Hat man ein schlechtes Gewissen?
Schatz	Wie *Kohle*. Verborgene Schätze in uns warten, daß man sie entdeckt. Positiver *Erdtraum*.
Schaufel	Arbeitsgerät. Seele demonstriert Tüchtigkeit, Fleiß und Zuverlässigkeit. Aktiver *Erdtraum*.
Schauspieler	Wie *Bühne, Rampenlicht*.
Scheck	Man hat etwas zu vergeben oder bekommt etwas. Muß kein Geld sein!
Scheidung	Sollte man nicht real deuten. Kann innere Entfremdung, Loslösung bedeuten, auch von Prinzipien, Ansichten. Scheidung kann aber auch heißen, Abschied von einer Aufgabe zu nehmen oder von einer Lebensphase (Jugend, Familie, Beruf).
Scheintod	Wie *Lähmung*. Aber auch Wunsch der Seele, daß man im Moment keine Notiz von ihr nimmt.
Scheinwerfer	Blendende Helle. Kann Geltungsbedürfnis bedeuten, aber auch Schreck, daß man von allen deutlich erkannt wird!
Scheiterhaufen	Archetypische Ängste von mittelalterlicher Hexenzeit. Bestrafung, Schuldgefühle. *Feuertraum*. (Hoffentlich nur Tag-Reste von Horrorfilmen!)
Schemel	Arbeitsplatz für Handwerker. Meist aktiver optimistischer *Erdtraum*.

Scherbe   Bruchstücke. Etwas, was Bestand hatte, ist nicht mehr. Sind wir im Traum traurig, oder gehen wir darüber hinweg?

Schere   Wenn etwas schneidet, kann es weh tun! *Warntraum* vor uns selbst oder Mißtrauen anderen gegenüber?

Scheune   Meist einfacher *Erdtraum:* Haben wir Vorräte in uns, oder sind wir leer?

Schiedsrichter   *Autoritätstraum* von Gerechtigkeit.

Schiff   Seelischer *Aufbruchstraum*, meist sehr optimistisch, weist auf neue Ziele hin.

Schiffbruch   Der Seele wurde schweres Leid angetan. Der Höhenflug wurde jäh gestoppt. Neuanfang notwendig. *Wassertraum.*

Schildkröte   Viele Seelen meinen, einen schützenden Panzer zu brauchen, zum In-sich-Kriechen und Verkapseln. Eine gewisse Starre oder Dickfelligkeit könnte sich bemerkbar machen. Man sollte darüber nachdenken.

Schilf   Die Seele (im Wasser) fühlt sich geschützt und verdeckt. Hat sie Angst?

Schlachten   Achtung! Wen wollen wir hinmetzeln? Wie *Niederschlagen.*

Schlafwagen   Die Sehnsucht auszuruhen ist groß, aber eine Lokomotive soll uns ohne eigene Anstrengung weiterbefördern. *Erd-Wunschtraum.*

Schlagzeile   Diese Traumvision will eine seelische Wichtigkeit ganz stark ins Bewußtsein prägen. Welche?

Schlamm   Kann uns beim Vorwärtsgehen sehr behindern. Wie *Lehm.*

Schlange   Das alte Weisheitssymbol, aber vor allem: das Heilssymbol. Mythische Bedeutung: Sie häutet sich, also erneuert sie sich. Obwohl sie bei Träumenden oft Angst auslöst, ist sie positiv zu deuten. Auch Sexualsignal, aber das wird meist überschätzt.

Schleier   Ein Verbergungswunsch. Es gibt Schwierigkeiten, sich zu offenbaren. Auch Geheimnisse der Seele. *Lufttraum.*

Schlinge	Was will ich umschlingen, wer umschlingt mich? Aus Schlingen können Fesselungen werden. Manchmal ein innerer Wunsch wie *Ring*.
Schlitten	Ein Fahrzeug, das bei schlechter Witterung bestens gleitet. Die Träumenden können sich allen Gegebenheiten gut anpassen. Meist positiver *Erdtraum*.
Schlucht	Die Seele kennt die Gefahren der Schluchten, sie fühlt sich eingeengt und von zwei Seiten bedroht und umklammert. Wovor hat man Ängste?
Schlüssel	Ein sehr altes und wichtiges Traumsymbol. Er schließt etwas auf, wozu man vorher keinen Zugang hatte. Meist verbergen sich hinter Türen geheimnisvolle Schätze, auch Ungeheuer, die es zu besiegen gilt. Ein meist sehr bewegender und guter Traum.
Schlüsselbund	Hier wird die Wahl schwer, den richtigen Zugang zu dem verschlossenen Tor zu finden. Man muß innerlich noch weiter suchen.
Schlüsselloch	Verrät Neugier und auch eventuell etwas krumme Methoden, zu einem Ergebnis zu kommen. Warnung beherzigen!
Schmerz	Wenn er nicht organisch ist: Der Seele tut etwas sehr weh! Nachforschen, was die Leiden verursacht!
Schmetterling	Symbol für Leichtigkeit, Schönheit. *Lufttraum* von Idealen oder Illusionen. Vorsicht! Ein Schmetterling ist überaus zart!
Schnabel	Vielleicht ein Hinweis, den Mund nicht allzuweit aufzusperren und etwas auszuplappern.
Schnecke	Empfindlichkeit, Scheu, Sich-Verbergen. Auch Signal für langsames und behutsames Vorgehen – zu langsam?
Schnee	Oft Bild für innere Kälte und Vereinsamung.
Schneemann	Scheint uns der Partner oder jemand unserer Umgebung so eisig erstarrt zu sein?
Schneider	Er hat eine Schere und spitze Nadeln! Das kann verletzen. Oder näht er etwas Schönes? Dann ist in uns etwas im Entstehen, wir wissen nur noch nicht, was.
Schnittblumen	Sie sehen schön aus, aber verwelken bald. Fürchten wir den Verlust von etwas noch Blühenden? Vielleicht Angst vor dem Älterwerden? Kann aber ebenso nur freundliches Geschenk, also *Kommunikationstraum* sein.
Schnur	Wie *Schlinge*. Fühlen wir uns angebunden? Oder wollen wir jemanden »einschnüren«?
Schokolade	Appetit auf Süßes ist immer Wunsch nach Zärtlichkeit und Verwöhntwerden.
Scholle	Verwurzelung, Bodenständigkeit. *Erdtraum*.
Schornstein	Wunsch zu explodieren, etwas loszuwerden, auszustoßen. *Feuertraum*.

Schranke	Deutliches Halt für das Unbewußte! Wie *Grenze, Kilometerstein, Mauer*, etc.
Schrauben	Seele möchte etwas festigen, woran ihr viel liegt.
Schreien	Häufig wird von einem oder mehreren Schreien geträumt. Es sind Hilferufe aus der Tiefe.
Schreiben	Mahnung: Was will man mitteilen oder aufschreiben, damit man es nicht vergißt?
Schrubben	Eine gründliche seelische und geistige Reinigung ist nötig. Man soll nachdenken, wo etwas in uns schmutzig sein könnte!
Schuhe	»Wo der Schuh drückt«, das ist eine gängige Umschreibung für Belastungen und Sorgen. Das »Steinchen im Schuh« (in der Seele) sollte gefunden und beseitigt werden. *Erdtraum.*
Schulden	Fast nie finanziell gemeint, es sei denn als Tagreste von Geldsorgen. Sonst Schuld einem anderen oder einer Seele gegenüber, die uns innerlich belastet. Welche?
Schule	Bei Lehrern eventuell Tagreste-*Alptraum*. Sonst wie *Prüfung, Lehrer.*
Schürze	Ein weibliches Arbeits-Kleidungsstück, das vor Schmutz schützen soll. Etwas in uns ist um »Reinlichkeit« bemüht. Vielleicht Angst vor Klatsch und übler Nachrede? Bei Männern könnte es erotische Motive haben.
Schütze	Ein Signal für die Seele, immer höher zu zielen, als man treffen kann. Ehrgeiz. *Feuer-Wunschtraum.*
Schwan ·	Das Symbol der Reinheit, oft idealistischer *Wunschtraum*. Könnte auch Sehnsucht nach vergeistigter oder subtiler Erotik sein.
Schwangerschaft	Fast nie ein natürliches Kind. Sondern mehr eine Idee, eine Aufgabe, weil man sie »unter dem Herzen« trägt.
Schwarz	Die Farbe des Ausgangspunktes, oft traurig, trostlos. Aber wo Dunkel ist, wird auch wieder Licht.
Schweben	Meist idealler *Lufttraum*, der die Seele beglückt und von der Erdgebundenheit befreit.
Schwimmen	Die Seele fühlt sich meist im ureigenen Element Wasser richtig wohl.
Schwindel	Irgend etwas sucht die Balance in uns – vielleicht zwischen Kopf und Unbewußtem? Doppelsinn: Schwindel kann auch das Bildsymbol sein für Unredlichkeit und Betrug.
Schwitzen	Meist Tagreste, körperliche Ursachen.
Sechs	Doppelsymbol: Kann für Erotik stehen (Sex), oder diese Zahl soll das Unbewußte an etwas erinnern.
Segel	Bewegender und optimistischer *Wassertraum*, der die Seele weiterführt. Wie *Schiff, Boot* etc.
Segelflugzeug	Ideale geistige Beschwingtheit. *Lufttraum.*

Seife	Wie *Reinigen, Schrubben*. Aber Achtung! Die Seife kann leicht wegrutschen! Das Bild in Zusammenhang bringen mit dem Problem, das wir »abwaschen« wollen.
Seil	Ein Seiltänzer muß das Gleichgewicht halten. Wie *Balance*.
Sekt	Oder Champagner. Kommunikation. Beschwingter *Lufttraum*.
Sessel	Wie *Lehnstuhl, Pantoffel*. Aber wenn man fest im Sessel sitzt, wird seelische Sicherheit signalisiert.
Sezieren	Kann ein Hinweis sein, daß man sich selbst sehr gründlich unter die Lupe nehmen sollte. Sonst wie *Schere*.
Sicherung	Seele sendet ein Signal, daß man auf etwas achtgeben sollte!
Sieben	Seit altersher magische Zahl. Wichtig sind die Bildsymbole davor oder danach.
Sieg	Erfolg – aber wer ist dabei der Unterliegende? Positiver *Feuertraum*.
Siegel	Etwas wird innerlich festgeschrieben. *Erdtraum*.
Silber	Das Metall des Mondes, das Glänzende der Nacht. Meist wie *Gold* oder *Geld*.
Singen	Positiver heiterer *Kommunikationstraum*.
Sklave	Seele wird von jemandem geknechtet und getreten. Halte ich mir jedoch Sklaven, habe ich eventuell Freude, Menschen auszunutzen.
Skorpion	Das Tier, welches sich angeblich selbst töten kann. Selbstschädigungsgedanken sind im Spiel.
Slum	Wie *Ruine*.

Sodomie	*Erotischer Traum.*
Soldat	Kann Aufforderung zu Gemeinschaftsdisziplin und Solidarität bedeuten. Oder Abscheu davor.
Sonne	Das Licht des Tages bringt Optimismus und große Lebenslust. Schöner und positiver *Feuertraum.*
Sonnenaufgang	Nach langer Dunkelheit kann ein Sonnenaufgang neue innere Lebenskraft anvisieren. Wie *Sonne.*
Sonnenblumen	Man streckt sich wie die Sonnenblumen dem Licht entgegen. Erwartungsvoller und froher *Erdtraum.*
Sonnenfinsternis	Der Untergang der Sonne ist archetypisch schon ein Mahnsignal. Die Finsternis breitet Schrecken aus. Was verdunkelt unsere Seele? Was ängstigt uns so sehr?
Sonnenuhr	Signal für Aktivität. Positiver *Erdtraum.*
Souffleur	Vorsicht vor Einflüsterungen, die scheinbar hilfreich sein sollen. Oder das Unbewußte braucht dringend gute Ratschläge.
Spardose	Eindeutiges Signal, sich nicht zu verschenken. Auch das Ich hat seinen Wert. Meist kein Hinweis auf Geiz.
Spazierengehen	Das Ich bummelt vor sich hin. Zum Aufladen gut, wenn damit kein Müßiggang verbunden ist.
Speer	Eindeutiges männliches Sexualsymbol.
Speicher	Ist der Speicher gefüllt oder leer? Auf momentane Seelenlage zu übertragen.
Sphinx	Das große Rätselwesen der alten Zeit. Bewacher und Prüfungssymbol. Mythischer Traum mit religiösen geistigen Zielen. *Lufttraum.*

Spiegel — Der Blick in den Spiegel ist meist sehr unangenehm, wenn man mehr als einen äußeren Anblick erkennen will. Er ist jedoch hin und wieder notwendig. Was sieht man, und wie sieht man sich? Seele will Zwischenbilanz ziehen. Wer im Spiegel nicht sich selbst, sondern einen anderen sieht: Hat man sich so verändert, daß man sich fremd geworden ist?

Spinne	Ein Symbol, das besonders Frauen ängstigt. Fürchtet die Seele, in ein Netz zu gehen und gefressen zu werden? Oder ist man selbst auf Raub aus?
Spion	Die Gefahr, durchschaut zu werden, oder der Wunsch, andere zu durchschauen. Wie *Schlüsselloch.*

Sport	Vergnügen, Entspannung und Ehrgeizbefriedigung. *Kommunikations-Erdtraum.*
Sprache	Wunsch, etwas zu verkünden. *Kommunikationstraum.* Sonst wie *Rede.*
Springen	Mut, Aktivität, aber auch Ungeduld des Unbewußten. *Erdtraum.*
Sprosse	Die Sprossen einer Leiter hochsteigen: Ehrgeiziger *Erdtraum.* Wenn man sie verfehlt, kann die Seele warnen, daß man sich zuviel zugemutet hat.
Spucken	Das Zeichen größter Verachtung. Werden die Träumenden bespuckt, oder spucken sie selbst? In beiden Fällen nicht sehr freundliche Signale des Unterbewußtseins. Seine Erziehung überprüfen!
Stab	Als Traumsymbol ein Zeichen der Weisheit und der Herrschaft. Aus dem Stab hat sich das Zepter entwickelt. Nicht mit Stock oder Rohrstock zu verwechseln!
Stadt	Bilder der Träume von Bauwerken, Häusern und Straßen erinnern oft an die Kindheit. Auch Symbol für Fremdsein, Verirren, Suchen der Seele. *Erdtraum.*
Stammeln	Die Kommunikation ist gestört. Sonst wie *Rede.*
Star	Meist ist nicht der Vogel gemeint, sondern das Streben nach Beifall und Ruhm,
Station	Auf einer Reise Halt machen, damit zu große Entfernungen nicht zu schnell (seelisch gesehen) überbrückt werden. Sonst wie *Bahnhof.*
Staubsauger	Signal für Veralterungen. Über alles in uns hat sich Staub gelegt, der weggeblasen werden soll.
Stern	Die Wegweiser durch die Nacht, Licht für die Seele. Tröstender geistiger *Lufttraum.*
Steuer	Einmal wie *Lenkrad,* zum anderen wie *Rechnung, Geld, Kuckuck.*
Stiefel	Vorbereitung auf einen schweren Weg.
Strand	Urlaubslandschaft. Meist frohe Kommunikation. Aber auch Einsamkeit. Seelischer *Wassertraum.*
Strauß	Einmal »Vogel-Strauß-Bild«: Kopf in den Sand stecken, vor Realitäten zurückschrecken. Zum anderen Blumenstrauß: Geschenk als positiver *Kommunikationstraum.*
Streit	Meist liegen die Träumenden mit sich selbst im Streit. Heftige Auseinandersetzung der Seele mit inneren Gegensätzen.
Stroh	Wenig Gewinn bei mühsamem Einsatz – enttäuschte Seele. Wie *Heu.*
Strom	Meist *Wassertraum* von beständiger innerer Weiterentwicklung wie *Fluß.* Strom als Energiespender: Impuls und Aktivität sind vorhanden.
Strumpfhalter/	Bewährtes erotisches Symbol, das verdeckte Wünsche von Frau

Strapse   und Mann aufzeigt.

Sturm   In Begleitung eines reinigenden Gewitters bringt er nicht nur fri-
              sche Luft, sondern auch viel innere Bewegung, ähnlich wie *Hurri-
              kan*.

Superman   Ähnlich wie *Riese*. Oft aber Tag-Reste nach Filmen.

Suppe   Die Speise der Armen. Alle Essensreste können in der Suppe ver-
              wertet werden. Rationelle Überlegungen in der Not. Außerdem
              erwärmt eine Suppe das Herz, hebt die Laune, schafft so neuen
              Lebensmut. Kräftige Nahrung für die Seele.

T

Tafel   Meist gleich Schulzeit. Wir sollen uns deutlich an etwas erinnern,
              eine Aufgabe, einen inneren Vorsatz.

Tagung   Teamarbeit und Kommunikation – angenehm oder auch nicht.

Taille   Bild des Unbewußten für Gewichtssorgen, Aussehen – seltener
              Traum.

Tal   Der Weg ist schmal (Berge zu beiden Seiten), aber die Seele kann
              sich beschützt und geführt fühlen. Natürlich auch eingeengt in
              Zwänge und Pflichten (dann wie *Schlucht*).

Tante   Meist nörgelndes oder angenehmes Erzieherbild von uns selbst.
              Keine echten Verwandten!

Tanz   Bewegter und beschwingter *Lufttraum*.

Tapezieren   Möchten wir etwas in uns verschönern oder überkleben?

Tarnung   Seele will sich im Moment unsichtbar machen. Wie *Fasching, Mas-
              ke, Clown*.

Tarot   Das Kartendeck mit den Motiven aus dem alten Ägypten zeigt ver-
              schiedene entscheidende Lebenskrisen. Oft wichtige Traumvision,
              aber selten.

Taschenlampe Wunsch, etwas zu erhellen, was nur schwer zu erkennen ist.

Tasse   Ein weibliches Sexualsymbol.
              Kann aber besser als Gefäß ge-
              deutet werden, das den Durst
              der Seele stillt. Welchen?

Tätowierung   Angebliche Verschönerung der
              Haut, aber der Hintergrund
              dürfte Auffallen um jeden Preis
              sein. Es könnte auch bedeuten:
              Ich bin gezeichnet, gebrand-
              markt.

Tau	Die Morgenfrische der Natur. Fröhlicher *Erdtraum*.
Taubheit	Meist Symbol, daß die Seele gewisse Dinge einfach nicht hören will. Bewährtes Abwehrsystem, sich dumm und taub zu stellen.
Taube	Ein altes Friedenssymbol, obwohl keine Taube in der Natur so friedlich ist. Im Traum wohl immer noch Sehnsucht nach Sanftheit, Nähe, Zärtlichkeit.
Tauchen	Eintauchen ins Wasser zeigt die intensive Bereitschaft, in die eigene Tiefe abzusteigen.
Taufe	Die Seele wird mit einer Gabe bedacht (hat nichts mit der Konfession zu tun). Erhebender *Wassertraum*.
Taxi	Ein Wagen, der immer bereit ist. Symbol für spontanen Aufbruch, Fortbewegung, Initiative. *Erdtraum*.
Team	Das Sich-Einfügen in eine kleine Gemeinschaft. Erfreuend? Oder fällt es dem Unbewußten schwer?
Tee	Man nimmt etwas Wohltuendes zu sich. Kommunikation, besinnliche Harmonie, *Erdtraum*.
Telefon/ Telegramm	Kommunikation. Aussprache, Nachricht. Dringendes Telegramm: Bedürfnis der Seele, sich mitzuteilen, auszusprechen.
Teller	Gefüllte Teller verheißen Genuß und Nahrung. Erwartung der Seele, daß sie etwas bekommt, was sie mag. Schöner *Erdtraum*.
Tempel	Ein heiliger Ort der Antike. Kann geistig-ideeller *Lufttraum* sein oder Bild für religiöse Sehnsucht nach Erleuchtung.
Teppich	Die Seele will sich nicht stoßen oder verletzen. Wunsch nach Fürsorge.
Testament	Wunsch der Seele nach Ordnung und Gerechtigkeit. Angst vor chaotischen Zuständen. Muß nichts mit Todesahnung zu tun haben!
Thermometer	An der Temperatur läßt sich oft ablesen, wie es um unsere Seelenlage steht. Offenbar ist das Innere unsicher und schwankend im Urteil.
Tiere	Bilder unserer Triebe. Angst davor oder Begierden, die uns plagen. Je nach Größe und Wildheit einzuordnen. Stets etwas Animalisches. Kleine Kuscheltiere eher Wunsch nach Zärtlichkeit und Beschützenkönnen.
Tiger	Siehe *Tiere*. Sexualtrieb, der schön und gefährlich ist. Nie Angst vor Tieren der Natur.
Tinte	Altes Symbol für Mitteilungen und persönliche Nachrichten. »Was man schwarz auf weiß besitzt ...« Seele will etwas dokumentieren.
Tisch	Bild für Gemeinsamkeit und Kommunikation. Guter *Erdtraum*.
Tod	Die Einstellung der Seele zum Tod ist anders als die des Kopfes. Etwas stirbt in uns. Oder unsere Einstellung, unsere Gefühle für andere müssen sich verändern. Wir sollen etwas neu sehen. Oft sehr schmerzliche Träume. Auch Abschluß von Aufgaben oder Be-

	rufsende kann im Traum ein Tod sein. Er ist keine Warnung vor physischer Krankheit!
Todesnachricht	Die Todesnachricht im Traum ist eine Mahnung, sich an vergessene Dinge, Erfahrungen, Tatsachen zu erinnern. Betrifft nie das Sterben einer noch lebenden Person.
Todesurteil	Das Todesurteil will bewirken, daß nun endlich im Verhalten der Träumenden etwas begraben werden sollte. Vielleicht ist man zu nachtragend?
Tomaten	Die Frucht aus dem Garten Eden. Wie *Früchte*. Erotische Verheißung.
Tor	Ist das Tor groß, dann scheinen die Träumenden in einen neuen Lebensabschnitt einzutreten. Sehr verheißungsvoller *Aufbruchs-Erdtraum* (nur nicht, wenn das Tor sich schließt).
Tornister	Lasten tragen, weil sie Vorräte bergen. Sehr seltener *Erdtraum*.
Torwart	Soll man sich dem Ball entgegenwerfen? Symbol für Sicherung. Mutiger *Erdtraum*.
Tränen	Seelentraum, der befreit. Manchmal aber unbewußte Trauer. Man sollte nachdenken, was das Innere so bedrückt.
Transfusion	Die Seele wird ermutigt und schöpft Hoffnung.
Transvestit	Erregter *Sexualtraum*, wobei meist die Neugierde größer ist als das innere Bedürfnis.
Trauringe	Wenn auch meist bei Tageslicht abgelehnt – es ist und bleibt der tiefe Wunsch, sich mit jemandem eng und für immer zu verbinden. Wie *Ringe*. Besonders inniger *Sehnsuchtstraum* nach fester Partnerschaft.
Tram	Wie *Eisenbahn*. Innerer Drang oder Ungeduld der Seele, an ein Ziel zu kommen.
Treibhaus	Das Unbewußte fühlt sich in einer Hitzeglocke wohl. Kann angenehm, als *Alptraum* aber bedrückend sein.
Treppe	Geht es die Treppen hinauf, dann ist ein inneres Streben zu erkennen. Geht es nur bergab, dann ist eine gewisse Entmutigung gegeben, es sei denn, man will die Kellerräume eines Hauses kennenlernen, also die eigene Tiefe.
Tresor	Wie *Safe*.
Treten	Treten die Träumenden auf der Stelle, dann fehlt der entscheidende Impuls voranzukommen. Welche Blockade hemmt die Seele?
Tribüne	Ein Ehrenplatz kann Stolz und Genugtuung der Seele anzeigen. Oder fühlt man sich auf diesem Platz unsicher, steht er uns nicht zu?
Trick	Warnung des Unbewußten, nicht auf krumme Wege zu geraten. Will man unredliche Mittel benutzen, um etwas zu erreichen? Betrug?

Trinken	Etwas an geistiger Lebenskraft zu sich nehmen. Seele wird gestärkt. Oft *Sehnsuchtstraum*.
Trommel	Das laute Geräusch will das Unbewußte wachrütteln. Vielleicht durch einen Schreck. Versäumtes wird angemahnt!
Trompete	Wie oben *Trommel*, oft noch durchdringender. Deutet in beiden Fällen nicht auf das reale Instrument hin.
Tröpfeln	Ist etwas »undicht« geworden und rinnt aus? Ist eine Neigung, eine Bindung, eine Freundschaft in Gefahr? Oder sind im Kopf Gedanken wachgeworden, die erhört werden wollen? Die Tiefe wird von »oben« befruchtet.
Tuch	Eine Bedeckung, eine Bekleidung, die schützt und wärmt. *Erdtraum*. Das Bild »ein rotes Tuch sehen« sollte allerdings vor innerer Wut und Aggression warnen.
Tunnel	Jeder Tunnel hat zwei Lichtblicke: Den Ein- und den Ausgang. Die Seele macht auf eine Phase der inneren Unsicherheit und Dunkelheit aufmerksam, die vorbeigeht.
Turmspitze	Der Beobachtungspunkt, der Meßpunkt. Ehrgeiziger *Erdtraum*. Achtung, wenn man von einer Turmspitze herunterfällt! Momentane berufliche Situation überprüfen, wenn man aufwacht.

U

Überdosis	Eindeutige Warnung des Unbewußten, daß man von etwas »zuviel« genommen hat oder nimmt: Arbeit, Gefühle, Verpflichtungen?
Überfall	Angst und Aggression? Oft *Feuertraum*. Hat nichts mit der Realität zu tun.
Überholen	Wird man überholt, oder überholt man selbst? Gesteigerte oder gebremste Aktivität. Ähnlich wie *Treppensteigen*.
Übergeben	Das Unbewußte hat genug und will etwas loswerden. Ähnlich wie *Husten*.
Überstunden	Signal der Seele, daß man vielleicht zu untätig war und mehr Elan braucht.
Uhr	Sehr häufiges Traumsymbol, das uns mahnt, etwas Wichtiges nicht zu vergessen, Menschen zu treffen oder Aufgeschobenes nachzuholen, ehe es zu spät ist. Nachdenken, was die Seele meint!
Umarmung	*Sehnsuchtstraum* nach Liebe und Zärtlichkeit.
Umdrehen	Oft heißt es mit Recht, nicht zuviel zurückschauen. Aber auch eine innere Aufforderung, das Vergangene nicht wegzudenken! Man könnte etwas Wesentliches verdrängen.
Umweg	Umwege müssen leider des öfteren gegangen werden, sie führen

auch zum Ziel. Diplomatie, Signal, eventuell auszuweichen. Nichts mit Gewalt durchsetzen wollen!

Unfall Jeder Unfall ist eine Mahnung, daß etwas nicht richtig läuft. Wir tun uns selbst weh. Womit?

Ungeheuer Angstsymptome verschiedener Ursachen (wie *Drache, Monster*). Als Tiere meist sexuelle Bedrängnis.

Unkraut Es gilt, den inneren Garten zu pflegen, da haben störende Einflüsse Wurzeln geschlagen.

Unterricht Erinnerung an die Zeit des Lernens. Wie *Schule, Lehrer*.

Unterschrift Gibt jemand seine Unterschrift, dann hat er sich endgültig entschieden. Auch Mahnung an ein Versprechen, eine Abmachung wie *Siegel*.

Untreue Ein *Wunschsexualtraum*. Natürlich soll die Untreue nicht entdeckt werden. Hat man beim Aufwachen ein schlechtes Gewissen?

V

Vampir Archetypisches Symbol für einen Blutsauger. Werden wir ausgelaugt und ausgebeutet? Oder sind wir selbst die Vampire?

Vase Positives Sinnbild von schöner Form mit innerer Fülle (Blumenwasser gleich Seele).

Vater Sehr dominante Autoritätsfigur, oft stellvertretend für alle anderen Autoritäten. Vorbild oder Abschreckung?

Venus Wie *Aphrodite*, nur sinnlicher.

Verfolgung Sehr häufiger *Angsttraum*. Man wird gejagt. Wovor will oder muß man fliehen?

Verstopfung Die Verdauung seelischer Erlebnisse ist schwierig. Wie *Darm*. Die Gefahr des inneren Geizes ist groß.

Vitamine Nimmt man sie zu sich, hat die Seele offenbar das Bedürfnis, für die Gesundheit etwas zu tun.

Vogel Ein Traumbild für das Lösen von der Erdkraft. Die Seele strebt in

	geistig-religiöse Höhen. Oft auch heiter beschwingter Freiheitswunsch. Vertrauter Umgang mit dem Inneren.
Vorhang	Hinter dem Vorhang geschieht Geheimnisvolles (wie *Schleier, Maske*). Man kann es auch mit Theater, Oper etc. in Zusammenhang bringen.
Vulkan	Der feuerspeiende Berg symbolisiert eine Kraft, die für gewisse Zeiträume zwar zu zähmen, aber nie zurückzuhalten ist. Höchst aktiver *Feuertraum*. Was will in der Seele explodieren?

W

Waage	Das Abwägen drückt eine Sehnsucht nach Gerechtigkeit aus. Wie *Balance*.
Wald	Häufiges Symbol für Dunkelheit, Verirren. Versteck für wilde Tiere (animalische Instinkte). Steht jedoch ebenso für Einsamkeit.
Walzer	Selbstbesinnung der Seele wie *Tanz*. Wie wacht man auf?
Wahnsinn	Meist Ängste. Aber auch wie *Clown, Maske, Tarnung*.
Wasser	Immer Symbol der Seele. Sieht man tiefe dunkle Seen, ist es ein inneres Suchen nach einer Antwort aus dem Unbewußten.
Wecker	Etwas in uns soll wachgeklingelt werden. Wir dürfen es nicht versäumen! (Wie *Uhr, Trommel oder Trompete*).
Wegweiser	Deutliches Symbol, den rechten Weg einzuschlagen. Stehen wir vor einer Entscheidung?
Weiß	Der Gegensatz zu *Schwarz*. Wer viel von Weiß träumt, der hat einen tiefen Wunsch, das absolute Licht zu erleben.
Wind	Symbolisiert unsere eigene Lebensbrise, ob wir auf sanft oder auf stürmisch geschaltet haben.
Witwe/Witwer	Die Seele hat Angst vor Einsamkeit. Muß nicht der Tod des Partners sein!
Wolf	Sehr häufig Sexualsymbol für Triebe. Angst vor räuberischen Instinkten in uns selbst.
Wolken	Etwas verdunkelt die klare Sicht der Seele.
Würfel	Das Symbol des Glücksspiels, auf das man sich eigentlich nicht einlassen sollte. Warnung vor Risiko!
Wunden	Bild für seelische Verletzung und Schmerz.
Wüste	Leere, Trostlosigkeit, Alleinsein. Man muß etwas dagegen tun!
Wurzel	Symbol für inneren Halt und Wachstumsmöglichkeit. Schöner *Erdtraum*.
Wut	Unbeherrschtheit, Aggression der Seele. *Feuertraum*.

Z

Zahlen	Mit Symbolen vor und nach den Zahlen in Zusammenhang bringen, oder mit Daten und Terminen des Alltags.
Zähne	Sie signalisieren Kraft und Härte. Wenn sie im Traum ausfallen oder gezogen werden, fürchtet die Seele, Energie zu verlieren.
Zange	Man fühlt sich in die Zange genommen oder nimmt andere in die Zange. Umsetzen auf seelische Situation.
Zeitung	Nachricht, Notiz – wir sollen aufmerksam gemacht werden.
Zelt	Findet die Seele hier Unterschlupf, oder will sie sich verstecken?
Zeugnis	Wie *Prüfung, Lehrer*. Ist es eine Belobigung oder nicht? Auch Signal, daß etwas innerlich abgeschlossen ist.
Ziegen	Selten ist das echte Tier gemeint. Symbol für Nörgeln, Unzufriedenheit, »Meckern«. Urteilen andere so über uns oder wir über sie?
Zielscheibe	Verwundbarkeit. Werden wir von Pfeilen attackiert, oder treffen wir andere »ins Herz«? Manchmal Rache, Unversöhnlichkeit.
Zigarette	Das Selbstschädigungsinstrument unserer Zeit. Ersatzbefriedigung, denn die Seele saugt genießerisch etwas ein. Manchmal *erotischer Traum*.
Zirkel	Der Versuch, seine Probleme in den Kosmos einzuordnen. Wie *Kreis*.
Zitrone	Sauer und bitter. Etwas behagt der Seele nicht!
Zoo	Kommunikation. Oft heiterer oder erschreckender *Erdtraum*. Aber Instinkte und animalische Triebe sind ja in Käfigen gefangen!
Zucker	Sehnsucht nach Süße und Zärtlichkeit.
Zügel	Sich selbst an die Zügel nehmen. Deutliches Warnbild für die eigene Beherrschung!
Zugbrücke	Der *Alptraum*, sein Ziel nicht zu erreichen, weil man zu spät dran ist. Die rettende Burg wird nicht erstiegen. Wird die Brücke aber betreten, hat die Seele offenbar eine Aufgabe bewältigt.
Zündschnur	Es ist gefährlich, mit der Lunte zu spielen. Übertragener Sinn des Zauberlehrlings. Was oder wen will unser Inneres entflammen? *Feuertraum*.
Zwerge	Gelten in Mythen und Märchen als Helfer der Menschen. Haben wir vielleicht Hilfen nicht zur Kenntnis genommen?
Zwinger	Ein Raubtierkäfig – wovor soll er uns schützen? Oder andere vor unseren Angriffen bewahren?
Zwirn	Ein guter Zwirn hält alles zusammen und ist doch kaum zu sehen. Kann die »sanfte Gewalt« unserer Seele aufzeigen! (wie *Schnur, Schlinge*, nur feiner).

Literatur

Ernst Aeppli   Der Traum und seine Deutung.
Eugen Rentsch Zürich 1943

Hans Diekmann   Träume als Sprache der Seele.
Adolf Bonz Stuttgart 1992

Ann Faraday   Deine Träume – Schlüssel zur Selbsterkenntnis.
Fischer Frankfurt 1980

Georg Haddenbach   So deutet man Träume.
Falken Niedernhausen 1978

Hans Holzer   Träume und ihre Botschaft.
Goldmann München 1980

C.G. Jung   Seelenprobleme der Gegenwart.
Zürich 1931

Bernd A. Mertz   Das Grundwissen der Astrologie.
Genf Ariston 1990

ders.   Griechenland.
Goldmann München 1991

ders.   Ägypten.
Goldmann München 1991

Julia und Derek Parker   Die geheimen Botschaften unserer Träume.
Bechtermünz Augsburg 1996

John A. Sandford   Gottes vergessene Sprache.
Rascher Zürich 1966

Michael Schredl   Hör auf deine Träume.
Midena Augsburg 1996

Zu diesem Themenbereich erscheinen gleichzeitig im Urania Verlag:

Peter Lauster
In dir steckt mehr!
Intelligenztest – Begabung – Berufswahl
456 S., geb., SU, DM 29,90

Vera F. Birkenbihl
Rhetorik
Redetraining für jeden Anlaß
176 S., brosch., 40 Ill., DM 29,90

Rüdiger Hinsch / Simone Wittmann
Auf andere zugehen
Kommunikationstraining
192 S., brosch., DM 19,90

David Lewis
Ab heute hab' ich immer Zeit
Jede Woche 10 Stunden gewinnen
160 S., brosch., 30 Ill., DM 19,90

Hans Christian Meiser
Nutze den Tag!
Wie man Ärger vermeidet und Zeit, Geld und
Energie gewinnt
208 S., geb, SU, DM 29,90

Die Deutsche Bibliothek – CIP-Einheitsaufnahme
Mertz, Bernd A.:
Träume : die stumme Sprache der Seele deuten / Bernd A. Mertz. –
Leipzig ; Jena ; Berlin : Urania-Verl., 1997
ISBN 3-332-00598-7

© 1997 by Urania Verlag in der Dornier Medienholding GmbH, Berlin
Die Verwertung der Texte und Bilder, auch auszugsweise, ist ohne
Zustimmung des Verlags urheberrechtswidrig und strafbar. Dies gilt auch für
Vervielfältigungen, Übersetzungen, Mikroverfilmungen und für die Verarbeitung
mit elektronischen Systemen.
Umschlaggestaltung: S/L Kommunikation
Titelbild: FOTEX/COLOR BOX
Fotos: Werner Waldmann, Stuttgart
Lektorat: Dr. Marianne Jabs
Gestaltung und Satz: Typografik & Design – Ingeburg Zoschke
Druck und Binden: Westermann Druck Zwickau GmbH
Printed in Germany
Gedruckt auf alterungsbeständigem Papier mit chlorfrei gebleichtem Zellstoff.